C'EST PAS BIENTÔT FINI !

CLAUDE SARRAUTE

C'EST PAS BIENTÔT FINI !

PLON

© Plon, 1998

ISBN : 2-266-09351-7

Au tableau noir, Mme Florent, la cinquantaine épanouie, pleine d'enthousiasme et de sérieux, inscrit à la craie en les soulignant les mots clés de son exposé.

— Voyons, que veut dire ce texte ?

Elle marque au tableau « Intention scripteur ».

— Commençons par dégager LES ÉLÉMENTS DE NARRATOLOGIE. Puis par établir le registre du discours. Et son parcours. Dont je vous rappelle les étapes : SITUATION INITIALE-MODIFICATION-TRANSFORMATION-RÉSULTAT-SITUATION FINALE.

Et elle poursuit : À ne pas confondre évidemment — ça c'est l'horreur — avec l'introduction, le développement et la conclusion d'avant 68. Qu'est-ce qui vous frappe de prime abord dans ce texte ?

Autour de la grande table ovale, Laurent, Muriel, Sandrine, Paul-Jean et Chantal l'interrogent du regard. Un regard perplexe. Non, ce ne sont pas des étudiants, mais des profs de français qui suivent un stage de formation pédagogique au collège Raymond-Fourneron, du nom d'un ancien prof, disciple de Freinet, dans l'Essonne. Et le texte — il ne s'agit pas, contrairement à ce qu'on pourrait croire, d'un poème de Rimbaud — le voici.

— Que desire tu ?

— Je désire que ma femme elle devienne gentille elle etait tellement méchante après moi.

Le géni lui donnait une bague enchantée lui dit j'espère que ça va aidé cette bague enchantée elle doit transfaurmé ta femme en une femme gentille

le lendemin le tisseran a midi donna la bague enchantée à sa femme Le lendemain elle était encore méchante.

IE était étoné, que le géni lui avait dis que la bague la transfaurmera. Apré deux jours, sa femme devienne gentille, il était étoné. Maintenan il etait heureu sa femme devienne gentille.

C'était une rédaction donnée par Muriel à une classe de 5ᵉ : La vie d'un petit tisserand est transformée par un bon génie. Racontez ce moment en 20 lignes.

Muriel n'a qu'un espoir : être mutée ailleurs. Et qu'un rêve : se tirer de ce merdier le plus vite possible. Le temps de passer l'agreg et de collecter des points. On y a droit quand on bosse dans ce genre d'établissement. Un établissement fréquenté par des gosses de toutes les couleurs, flemmards et chahuteurs... Oh, pardon, ça ne se dit plus ça... Des gosses souvent, trop souvent en état d'échec scolaire, c'est la formule autorisée. Un établissement très privilégié cependant : d'abord question moyens vu qu'il est classé en zone et prioritaire et sensible, question qualité de l'équipe enseignante ensuite, une équipe formidablement capable et dévouée. Un établissement sanctuaire encore à l'abri, ça ne va pas durer, de la grosse délinquance et de la violence ambiante.

Mais, bon, Muriel, elle, cet établissement lui sort par les trous de nez. Enseignante, oui. Surveillante, non.

— Et tu sais ce qu'elle nous a suggéré de faire, Mme Florent, pour permettre à Samina d'exprimer ce qu'elle a voulu dire, de nous mettre à nos ordinateurs et de retranscrire cette crotte en la toilettant... Qu'est-ce que tu dis de ça ?

Dans la vieille Fiat Uno, achetée d'occasion, qui les ramène sur le périph à l'heure de pointe, l'heure des interminables bouchons, Muriel — elle a pris le volant — tente d'attirer l'attention de son mari, Vincent, prof d'histoire-géo à Raymond-Fourneron, lui aussi, qui fixe d'un œil rond, hypnotisé, le chien en peluche branlant de la tête sur la plage arrière de la Laguna immobilisée devant eux...

Elle aurait mieux fait de la boucler en même temps que sa ceinture de sécurité, Muriel. Les embouteillages, Vincent ne déteste pas. Au contraire. Dès que s'allume le panneau signalant un bon bouchon de six kilomètres de long, il se carre dans son siège, comme il le ferait devant un écran de cinéma : Chouette ça va commencer ! Ça commence toujours, en effet, par une saine, une roborative engueulade maison :

— Tu m'écoutes, dis, Vincent ?

— Ben, oui... S'agissait de toiletter je ne sais qui... Pourquoi t'as pas pris la file de gauche... Elle va beaucoup plus vite... Sûr qu'il y a eu un accident et naturellement tous ces connards ralentissent en passant devant pour voir. Bon, tu redémarres ? Tu as dit à ta mère qu'on risquait d'être en retard ?... Tiens, qu'est-ce que je te disais... Ça, pour un accrochage ! Non, mais regarde-moi ça !

— Tu vois bien, tu fais voyeur, pareil !

— N'importe quoi ! Tu roulais au ralenti, alors j'ai jeté un œil, normal !

— Quelle idée aussi de traîner en salle des profs à bavasser avec... c'est tout toi ça, Vincent ! Il fallait partir tout de suite après le dernier cours.

— Et pourquoi pas hier soir pendant que tu y es ? Un collège, ça n'est pas un bureau de poste, figure-toi ! Les guichets ne ferment pas à l'heure pile. Bon, alors qu'est-ce que tu disais ? Elle a fait toiletter son chien, Chantal ?

— Non, rien à voir. C'est le devoir de Samina. Mme Florent l'a retapé au propre et elle l'a photocopié pour qu'on puisse... Comment elle a dit ça, déjà ? Travailler l'acte de graphier... C'est d'un cocasse s'agissant de cette grosse gourde de Samina.

— Attends, Muriel, je l'ai eue, moi, quand j'ai remplacé Fougeras. Et elle est tout sauf bête. Beaucoup plus fine en tout cas que ses huit frères et sœurs. Comment veux-tu qu'elle apprenne le français quand on ne parle que le kabyle chez elle ?

— Bon, ben, à ce moment-là, pas la peine d'essayer de le lui enseigner.

— Oh, non, écoute, Muriel, on ne va pas recommencer ! Laisse-moi souffler... Moi, arrivé le vendredi soir, les grandes discussions sur l'enseignement non directif et les méthodes pédagogiques des années post-68, je n'ai pas le créneau pour ça. Je ne pense qu'à un truc, regarder la Juve-PSG à la télé avec Monette en buvant une Tuborg bien glacée. Elle est imbattable, question foot, ta mère. Dommage qu'elle n'ait jamais pensé à faire arbitre, elle serait sensationnelle. À moins qu'un patron de club ne l'achète avec une robe de grand couturier ou un cover-boy emballage cadeau livré dans sa chambre d'hôtel.

— Lâche ma mère, tu veux, Vincent ? Pourvu qu'elle ait pensé à couper le biberon de Jérémie à l'eau minérale et pas l'eau du robinet. Ah ! là là ! Vivement que je puisse me faire muter à... J'en ai ras-le-bol, moi, de ces trajets qui n'en finissent pas, scotchée sur de l'asphalte à m'enquiquiner avec...

— Avec qui ? Ben, dis-le !

À la vérité, elle n'en sait plus rien, Muriel. Qui c'est, ce type étalé à côté d'elle, jambes allongées, en jean et blouson de cuir, ce boy-scout attardé, si beau quand même, si grand, si baraqué, avec ses cheveux en brosse, coupés très court, une vraie soie, il y a encore... Quoi ? Trois mois ? Même pas... Six semaines, elle n'aurait pas pu s'empêcher de les caresser dans un irrépressible élan de tendresse amoureuse. Alors que là... Non, c'est vrai, qui c'est, ce mec ?

Vincent da Ponti. Son mari. Le papa de Jérémie, sa merveille de bébé confié à la garde distraite d'une mamy faite pour jouer les nounous comme moi pour dire la messe. Comment ils se sont rencontrés ? Dans la salle des profs. Rencontrés, c'est beaucoup dire, devinés, d'abord. Elle débarquait à demi morte de trac, c'était le jour de la rentrée et, plantée devant la machine à café, elle fouillait dans son sac fourre-tout à la recherche d'un introuvable porte-monnaie. Plongé dans *L'Équipe*, sans même lever les yeux, il l'avait sentie, désemparée, là, devant lui. Et elle, sans se retourner, avait éprouvé une impression... comment dire... De réconfort. De présence amie. Ils se sont approchés l'un de l'autre. Et puis se sont arrêtés à mi-chemin, interdits, bouleversés. C'était elle, c'était lui. Lui, si beau, si grand, voir plus haut. Elle, si fine, si menue, si fragile, si jolie, avec son petit nez de chat — un nez un peu raboté sur les bords au bistouri — ça il ne le saura jamais —, mais bon, très réussi — et son épaisse natte de cheveux blond vénitien tirant sur le roux. Quant à sa voix flûtée, trop haut perchée, une voix de gamine, il la trouvera charmante. Jusqu'à ce que tout récemment... Il y a quoi ? Un an... Même pas... Un collègue... Mais n'anticipons pas.

Ce jour-là, le jour de la rentrée, donc, il a mis la main à sa poche : Permettez... Vous le voulez comment, votre café ? Serré sans sucre ?

Je vais vous les présenter sans plus attendre... Eux, ils attendront un bon moment, soit dit en passant, avant de savoir qui ils sont, d'où ils viennent tout ça, se contentant d'abord d'échanger leurs prénoms : Muriel... Vincent... Le reste, ça viendra petit à petit au fil de rencontres-coup-au-cœur, au hasard des escaliers et des couloirs ou des invitations qui n'en sont pas : vous déjeunez à la cantine ?... Tiens, moi aussi ! À tout' ! (Registre familier par opposition à À tout à l'heure, registre soutenu pour reprendre l'indispensable distinguo de mise, à notre époque, dans les manuels scolaires.)

Ça a mis d'autant plus longtemps qu'au contraire de Vincent, très exubérant, très spontané, Muriel serait plutôt du genre renfermé... Discrète, si vous préférez, avare de confidences, plus à l'aise sur le terrain des idées que sur celui des sentiments.

Bon, j'y vais là, je vous les raconte.

Lui d'abord. C'est le dernier de trois enfants, trois garçons élevés dans le Sud-Ouest, près d'Albi, par un père entrepreneur en maçonnerie d'origine italienne, Paolo da Ponti, surnommé Pépé Polo, là, maintenant, et par la Mamma, sa somptueuse, son opulente, sa chaleureuse épouse, emportée en quelques semaines par un cancer du pancréas il y a dix ans déjà. Difficile d'imaginer ce patriarche au visage buriné, brun brique ancienne, avec son épaisse brosse de cheveux blanc neige, sous le casque du jeune flic qui, en 1968, cassait de l'étudiant au Quartier latin. Bien obligé : ces gosses de riches, des gosses de son âge, la lui jouaient à l'Intifada avant la lettre.

Lui, le fils d'ouvrier, un ouvrier maçon, immigré

entre les deux guerres, lui, le prolo qui n'a que son certificat d'études et qui ne tardera pas à quitter la police pour retourner en province à la demande de son père désireux de monter sa propre affaire, lui, Paolo, les revendications de ces petits snobinards de soixante-huitards, ça le laissait de bois. D'autant que les pavés sous la plage, c'est lui qui les recevait. En pleine poire.

Et bon, ça l'a marqué, le Pépé. Au point de tourner réac. De bouffer du politicien pourri, du basané, du Vert et du Black, à longueur de journée, en fils d'immigré parfaitement intégré à son pays d'adoption. Un pays proche, un pays latin destiné à devenir aux yeux de Vincent, son gaucho de fils, une province ou plutôt un État, façon USA, de l'Europe de demain : « Aveque les Turcs, aussi peut-être, hein, putaing cong ? »

Ça l'a marqué, oui. Au point de se saigner aux quatre veines pour projeter ses fils de l'autre côté, le bon côté des barricades, ces fameuses barricades qui séparaient, pendant « les événements », les intellectuels des manuels. Avec un bonheur inégal. Au lieu de reprendre l'entreprise familiale, l'aîné s'est fixé à Rio sur un coup de cœur pour une belle Brésilienne. Le deuxième, marié à une pimbêche, il ne le voit plus qu'un an sur deux à Noël : Monsieur est juge du siège à Lille. Et Vincent, le petit dernier, a passé son CAPES, les doigts dans le nez. Pépé Polo, c'était sa fierté. Il le voyait déjà professeur de faculté, membre du Collège de France qui sait. Et voilà que ce crétin renonce à préparer l'agreg — Je la passerai en interne, papa, t'inquiète ! — pour aller jouer les missionnaires laïcs dans une banlieue à problèmes. L'agreg ? Elle attend toujours.

Éducateur-né, fier de ses origines modestes, Vincent est resté très proche de son père, malgré ses idées fachos. Un père qui l'adore tout en le rembarrant chaque fois, et c'est souvent, que Vincent profite d'un pont pour descendre, entre deux congés scolaires, se réchauffer au soleil de cette voix bourrue, chantante où roulent comme des galets emportés par le torrent les *r* et les *g* du parler occitan : Ah, te voilà, fistong ! Alors, toujours à te coltiner ta bande de macaques ? T'en as pas marre, bougre de cong ? Quand je pense à tout le mal qu'on s'est donné, ta pôvre mère et moi pour...

— Hé ! Ho ! Tu vas pas recommencer, dis donc, papa ? Tiens, tu sais ce qu'ils ont fait à Reil-les-Roses, tes copains du FN ? De la retape. À la sortie du collège. Tu trouves ça normal ?

— Et tes copains, les imams, ils font quoi, d'après toi, dans les cités ? De la retape pour la Laïque putaing cong ? Encore une chance qu'ils puissent pas nous blairer, les melongs, sinon, t'aurais rieng de plus pressé que de me ramener une femme voilée.

Quand Vincent l'a appelé pour lui annoncer que cette fois il ne viendrait pas seul, qu'il voulait lui présenter sa fiancée, il y a eu un long silence angoissé au bout du fil. Et puis : Bon, alors, fistong, tu l'annonces, la couleur ? Qu'est-ce que je vous prépare ? Le couscous ou le confit ? Et Vincent, pince-sans-rire : Franchement, papa, vu les circonstances, tu pourrais au moins te fendre d'un méchoui !

Du côté de Muriel, sa mère, une ancienne actrice, une figurante plutôt, une intermittente du spectacle, mettons, avait tout pour réussir : le charme, la grâce, l'allure d'un top model. Tout sauf le talent. Et l'ambition. C'était une adorable fille un peu tête en l'air, ne rêvant que du grand amour. Une fille mère : Muriel, son papa, un politicien en (petit) renom, sans être totalement absent, ne voyait que de loin en loin et en cachette le fruit de cette liaison adultère.

Une fille mère promue — merci l'évolution des mœurs et les délicatesses du vocabulaire — mère célibataire quand, douze ans après la naissance de la petite, raide dingue d'un comédien anglais de passage, rencontré sur un tournage, elle s'est retrouvée enceinte encore un coup. Un coup monté, celui-là, histoire de garder un souvenir de son beau Charles, un vrai prince ! À l'échographie, elle n'a pas voulu savoir ce que ce serait tellement elle voulait un garçon. Si c'était une fille, elle le saurait toujours assez tôt.

Ça l'était. Monette a fait contre mauvaise fortune bon cœur, c'est le cas de le dire ! Un cœur d'artichaut. La gamine se serait appelée Charlette, si Muriel, horrifiée... Enfin, maman, tu me vois annonçant à mes copines que ma petite sœur... ne l'avait obligée à remplacer le *e* par un *o*. Très vite, devant les pitreries de ce bon petit diable, rien d'une beauté, tout d'une rigolotte, Charlotte a été tendrement rebaptisée Charlot par sa femme-enfant de mère jusqu'à ce qu'elle soit en âge de s'insurger, sans trop de succès d'ailleurs, contre ce diminutif nettement réducteur !

Tenez, la voilà, justement ! Muriel et Vincent viennent d'arriver avec trois quarts d'heure de retard — c'est infernal, ces bouchons sur le périph — et la trouvent en train de se gondoler — Hue dada, hue dada, sur le cheval de tata — à plat ventre sur le tapis du living, enfourchée par un Jérémie hilare et chancelant. Il commence seulement à s'asseoir. Muriel l'attrape et le serre dans ses bras en le couvrant de baisers : Mais tu vas tomber, mon petit bonhomme chéri... Qu'est-ce que c'est que ce cirque ? Tu devrais être couché à cette heure-ci... À quoi elles pensent, ta tata et ta mamy, hein, tu peux me dire ?

Alors, Charlotte :

— Lui, non. Moi, oui. On pense à se détendre, figure-toi, à s'amuser dès que t'as le dos tourné. Ce que tu peux être casse-pieds, Muriel, avec tes principes à la con ! T'es d'un ringard ! T'as pas arrêté de m'emmerder quand j'étais petite. Et de te voir recommencer avec Jérémie, ça me feng le cœur, comme dirait Pépé Polo. Pas étonnant qu'il t'adore, celui-là. T'aurais pu être sa fille. Mais, alors, ce que je ne comprends pas c'est comment Vincent arrive encore à te supporter.

Et lui :

— Franchement, il y a des jours où je m'interroge aussi.

Nous sommes au second étage du collège, au fond de la cour de récré, à droite. Classe H 4. Celle où Muriel fait cours. Au tableau, tracé en lettres rondes et bien lisibles, le sujet du jour : Les homophones grammaticaux : on/ont. Debout derrière son bureau, penchée sur sa famille, Muriel fait l'appel de la 6ᵉ B. Intonations stridentes destinées à franchir le mur du son, le mur épais d'un chahut monstre.

— Marilyn ? Chuuut !... Marilyn ?

Une petite beurette de 12-13 ans, filiforme dans un jean trop large serré à la taille par une grosse ceinture en cuir, des baskets et une queue-de-cheval, lève la main...

Grégory ?... Pas là ! L'autre Grégory ? Non plus !... Arnaud ?... Manque aussi !... Bon, alors je vais vous rendre vos devoirs...

Elle se hasarde dans les rangs pour distribuer les copies. Tout en déclarant sur le ton de la conversation, pas émue pour deux sous :

— Je suis un peu déçue, certains d'entre vous ne me l'ont pas rendu, leur devoir. Caroline, c'est très bien... Taribo, vous vous levez et vous allez au fond de la classe... Faïza, ça n'est ni fait ni à faire, ce devoir... Chuuut ! On se tait ! Taribo ! Vous avez entendu ce que j'ai dit ? Vous vous levez et vous...

Ça s'agite, ça s'apostrophe, ça se tabasse. Rien de concerté. Simplement le trop-plein d'une énergie, d'une vitalité désordonnées que rien, ici, ne contient. Sa voix grimpe encore, aiguë, perçante. Et recouverte malgré tout par cette mer déchaînée : Chuut ! On se tait, d'accord ?... Bon, alors ouvrez vos livres à la page 143 et recopiez ce que j'ai écrit au tableau dans vos cahiers de classe... Vous y êtes ? Taribo, je croyais vous avoir dit d'aller... Bon, ben, tiens, venez au tableau et écrivez : Elles ont déjà déjeuné... Avec un *t* le on, Taribo ! Alors, c'est quoi ? Un pronom indéfini ou l'auxiliaire du verbe avoir ?

Taribo, un petit Africain monté en graine la regarde bouche ouverte, l'air de dire : En voilà une question ! Qu'est-ce que ça peut bien foutre ?

Muriel enchaîne : À vous, Anita ! Anita écrit sous sa dictée : Je crois que les lapins ont eus... Pas de *s* voyons !... Que les lapins ont eu peur. Ce « ont »-là, c'est... ? Blonde et potelée, déjà coquette, Anita sèche sans chercher à donner le change : Je sais pas !

Poursuite du défilé. Certains — peu nombreux — lancent, indifférents, la bonne réponse comme on (sans *t* !) jette un bonbon à la petite sœur d'une copine en cours de récré. Retournent au pas de charge à leur place. Et reprennent, entre deux fous rires côté filles et deux bourrades côté garçons, le fil d'une conversation fâcheusement interrompue par cette emmerdeuse, non, le mot est trop fort, cette enquiquineuse. Mme Falguière — comme la loi l'y autorise, Muriel a tenu à garder son nom de jeune fille après son mariage —

Mme Falguière, donc, les agace sans vraiment les déranger.

Les enfants ne se tiennent plus. Ils s'engueulent, ils se menacent, ils s'amusent à faire des grimaces. Et quand ça ne les amuse plus, ils se lèvent pour se dégourdir les jambes ou se vautrent sur les tables en s'étirant les bras.

Alors, Muriel brusquement soulevée par une vague de mépris rancunier proche du dégoût :

— Enfin, quoi ! C'est pourtant facile. On ne vous l'a pas appris, ça, en CM2 ? On ne vous a pas dit que le verbe constitue le noyau de la phrase ? Si j'écris — elle l'écrit en effet au tableau noir à toute allure pour ne pas tourner trop longtemps le dos à cette glapissante meute — si j'écris : Les voisins n'ont rien vu... Ont c'est la troisième personne du pluriel du... Et si j'écris : On n'a rien vu... On, c'est... Chuuut ! Reprenons. Ouvrez vos livres page 124. Les pronoms nominaux sont... Aurélien ? Je, te, nous, vous... Très bien. Et les pronoms représentant ? Chuuut ! Personne ne peut me dire quels sont les pronoms repré... c'est pas bientôt fini, Ahmed ? Arrêtez de taper sur Olivier ! Arrêtez im-mé-dia-te-ment, vous entendez ?

— C'est pas ma faute, m'dame, i' m'traite !

— Combien de fois faudra-t-il vous demander de ne pas vous traiter en classe ! Arrêtez, vous voulez ? Vous aussi, Olivier. Vous l'avez traité de quoi ?

— De rien ! Je l'ai pas traité du tout !

— Si, t'as traité ma sœur et ça, je supporte pas.

— Votre sœur ? Comment ça ?

— Il m'a dit : Et ta sœur !

— Ça n'est pas traiter quelqu'un, voyons, Ahmed ! C'est une vieille expression française...

Chuuut ! Ça suffit maintenant ! Taisez-vous... Celui qui veut parler lève la main, d'accord ?

Pas d'accord apparemment. Ils crient tous en même temps, là, maintenant. Ils bondissent sur leurs chaises comme des diables montés sur ressort.

Et elle, à bout d'arguments : Si vous ne vous taisez pas immédiatement, vous serez tous collés, vous m'entendez ?...

Ça, oui. Un énorme grondement de colère indignée monte de rang en rang. Une punition collective ! Et puis quoi encore ?

— Nous, on a rien fait, merde !

Elle a été sauvée par le gong, ma Muriel... La sonnerie... Enfin ! Ils se ruent vers la sortie en faisant valdinguer leurs sacs et la laissent plantée là, raidie devant son tableau noir, les poings serrés de rage impuissante.

Qu'est-ce qui distingue un bon prof d'un mauvais, sorti de cette évidente autorité naturelle — Vincent l'a, pas Muriel — de qui commande le respect sans inspirer la crainte ? Une chose essentielle : ne pas se sentir personnellement visé par l'agressivité spontanée dont font preuve des ados laissés libres de l'exprimer. Ça, Muriel en est incapable. Elle, si renfermée parce que si vulnérable dans la vie, elle va se laisser entamer comme un rien et s'ouvrir à deux battants, exposée crue et nue, devant une bande d'agités aux réactions imprévisibles et désordonnées.

Pas Vincent. Regardez-les à l'œuvre, vous verrez la différence. Ils ont cours tous les deux, là, en ce moment. Deux 4ᵉ plutôt banales, ni Techno ni Contrat. Élèves de 14 à 17 ans. Et comportant, pour une fois, légèrement plus de « pavillonnaires » — Franco-Français habitant des pavillons fort modestes au demeurant — que de gosses de la cité. Ce ne sont pas des cracks, faut pas confondre Raymond-Fourneron et Henri IV, ce ne sont pas non plus des cancres... Enfin, pas tous !

Lui leur parle de la France sous le premier Empire : Quelles sont les bases de l'enseignement dispensé dans les lycées... Ça veut dire quoi, dispensé ?... Martin ? Oui, c'est ça. Elle s'attaque aux synonymes : Mon cousin Bernard était singulièrement — ce qui veut dire ? — était particulièrement peureux... Ou bien couard... Ou encore...

Lui ne tourne pratiquement jamais le dos à ses élèves sinon pour inscrire vite fait quelques mots au tableau noir. Et ne tient pas — surtout pas ! — en place, la place du prof. Il arpente sa classe de long en large à longues foulées souples et félines, l'œil en coin, un sourire taquin aux lèvres : Comme vous avez tous appris vos leçons, je n'ai plus besoin de vous rappeler à qui était réservé l'enseignement dispensé dans les lycées créés par Napoléon ?... Bakfir ?... Aux paysans ? Sûrement pas ! Pas la peine de lever la main si c'est pour dire n'importe quoi... Aux bourgeois, oui, c'est ça et aux... ? Aux... ? Aux garçons, figurez-vous ! Est-ce que les femmes avaient le droit de vote à cette époque, hein ? Non. Alors, rien d'étonnant à ce que...

Elle, elle reste plaquée, craie en main, dos au mur, sur la défensive et s'aventure rarement entre les travées sinon pour y faire une incursion ou trop tardive ou malvenue quand elle croit pouvoir sévir sans que ça lui retombe sur la gueule, ce qui est rarement le cas. Au lieu d'aller vers ses élèves, elle les appelle au tableau : Écrivez : cette pierre... Avec deux *r*, voyons, Ludovic, cette pierre est tendre... Chuuut... On se tait... Tendre, ça veut dire quoi ? Friable !... Et le contraire de tendre, c'est... C'est pas bientôt fini, ce bazar, Youssouf et Rachid ? Se battre à coups de règle, non, mais vous êtes fous !

Arrêtez ça, immédiatement... Non ? Bon, alors vous sortez...

Lui : Sortez vos cahiers... On va revoir une à une, ce ne sera pas du luxe, les réformes de Napoléon... Écrivez : En 1803... 3... Napoléon crée une nouvelle monnaie... Une nou-vel-le mon-naie... Virgule... Le franc ger-mi-nal... Point. Germinal, vous le soulignez en rouge. Pourquoi une nouvelle monnaie... ? Je vous ai demandé pourquoi... Réveillez-vous un peu, bon Dieu ! Pour supprimer les assignats, combien de fois faudra-t-il vous le répéter, hein ?... Donne-moi ça, Yasmina !... Pas mal, cette photo de Leonardo Di Caprio !... Ce serait dommage que Mylène soit la seule à en profiter... Je suis sûr qu'elle va beaucoup plaire à tes frères, cette photo. Sors-moi ton carnet de correspondance. Eh bien qu'est-ce que tu attends ? Toi, Nicolas, tu nous épargnes tes commentaires... Sinon tu vas les poursuivre chez le conseiller d'éducation... Nicolas !... J'aime mieux ça !... Reprenons. Et je ne veux pas entendre une mouche voler.

Elle : Youssouf et Rachid ! Vous vous moquez de moi ou quoi ? Je croyais que je vous avais dit de sortir... Vous allez m'obéir, oui ? Sortez, je vous dis... Non ? Alors, tenez-vous tranquilles ! On ne s'entend plus penser dans ce... Chuuut !

Curieux, non ? Faute d'autorité naturelle et de sens pédagogique, cette ravissante jeune femme qui aurait pu servir de modèle aux filles — elles ne demandaient que ça au début — et d'exutoire aux fantasmes des garçons, n'est plus perçue en tant que telle. On ne l'écoute pas. Partant on ne la voit plus. Sinon en transparence. Fragile et maladroite libellule. Pauvre moustique assommé au DDT qu'on se contente d'écarter d'un geste machinal sachant qu'il est trop faiblard pour vous faire le moindre mal.

Curieux, non ? Cette jeune femme si avisée, si raisonnable, a été pourtant amenée à jouer, depuis l'enfance, les chefs de famille, une famille monoparentale, une famille, sa mère, sa sœur, subjuguée par la bonne élève qu'elle était, très vite capable de débroussailler le maquis rébarbatif des feuilles d'impôts, d'allocs et de sécu : Muriel, sois mignonne, quand tu auras fini tes devoirs, jette un œil sur « les papiers », tu veux, chérie. Ils sont posés sur la commode de l'entrée comme d'habitude. Seule capable d'obtenir de Charlotte qu'elle se couche le soir et de Monette qu'elle se lève le matin.

Curieux ? Non, pas curieux, normal. Exercer un pouvoir que personne ne vous conteste, un pouvoir délégué avec autant d'indulgence que d'empressement, rien de plus facile. L'imposer de flair et de force à une trentaine de gamins rebelles à toute forme de contrainte, c'est une autre histoire.

Cette histoire-là, faute de repères, Muriel ne savait trop comment la raconter à son mari. Elle n'arrêtait pas de se plaindre, elle trouvait infernale une 5ᵉ dont lui s'arrangeait fort bien, et grossier, malappris, insultant, un élève qui passait pour particulièrement inoffensif au collège. Amoureux comblé, tout à sa passion, Vincent l'écoutait d'une oreille distraite : Viens là, ma beauté, que je te console... Viens me faire un câlin. Et mettait sur le compte de leur éternelle querelle sur l'instruction abandonnée au profit de l'éducation les réserves irritées de Muriel dès qu'ils parlaient boutique. Ce qu'il évitait d'instinct. Comme s'il avait su sans le savoir que les difficultés professionnelles de sa femme risquaient de compromettre leur entente.

Du coup, cette histoire-là, Vincent ne l'a apprise que deux ans après leur mariage. Muriel était enceinte de cinq mois. Ce serait un garçon. Pépé Polo, fou de joie, ne l'appelait encore que Napoléon, prénom taquin dont l'avaient affublé ses parents avant de connaître le sexe de l'enfant. Et Vincent, aux petits soins, l'a très mal pris quand il a entendu — c'était fin juin, le jour où les profs se partagent, se disputent, les classes qui seront les leurs à la rentrée —, quand il a surpris devant la machine à café un collègue en train de confier *sotto voce* à sa voisine, une maîtresse auxiliaire venue faire un remplacement en histoire-géo : Je me demande où ils en sont, les profs de français machin... Non, parce que moi, avant de choisir, je préfère savoir quelles classes elle va encore nous bousiller, cette pauvre Muriel. Et l'autre : Mme Falguière ? Ah, là, là ! Paraît que c'est n'importe quoi, ses cours.

Étonné, inquiet, personne n'avait osé aborder le sujet devant lui, lui, le soleil, la mascotte de la boîte, Vincent va laisser filer. Et attendre de retrouver le collègue le lendemain à la cantine pour lui tirer les vers du nez. Un bon copain en l'occurrence, Didier Le Dantec, surnommé Machin, rapport à ce tic de langage qui disparaît dès qu'il fait classe : Dis donc, Machin, c'est quoi, ce plan Muriel ? On évite les classes dont elle s'occupe, c'est ça ? Et je suis le dernier à l'apprendre ? Alors, Didier, très embêté :

— Réfléchis un peu, voyons, Vincent... Les élèves t'adorent, tu le sais bien. Ça n'est pas à toi qu'ils vont raconter machin ce qui se passe dans les classes de ta femme... Et bon, nous, pareil... On n'allait pas venir te tirer par la manche : Fais quelque chose... Ça va pas machin... En plus, on croyait que tu t'en doutais...

Non, pas vraiment. La veille au soir, encore, de retour chez eux, ils étaient en train de se chouchouter sur le canapé, après dîner, Muriel avait rouspété : Tu te rends compte un peu... Je voulais deux 6e et au lieu de ça tout ce que j'ai réussi à obtenir c'est une 3e pourrie et une 4e Contrat. Pas étonnant, remarque, Geneviève me déteste et comme elle fait la pluie et le beau temps... Elle est jalouse, voilà ! Jalouse de notre couple...

— Geneviève ? Non, mais où tu vas, là, ma jolie ?

Elle a un mec très bien. D'ailleurs, son divorce, c'est elle qui l'a demandé, pas son mari. Pour ça justement, pour refaire sa vie... Dire que tu es en train d'en couver une, de vie... Si tu savais à quel point ça me... Montre ton petit ventre tout blanc... Ce que tu es mignonne... On dirait une vierge de Cranach... Attends, je vais voir s'il bouge... Non, rien... Suffit que je me pointe pour qu'il se tienne tranquille, ce petit voyou... Hein, que t'es un voyou, Napoléon ? Avec toi, va falloir user de la carotte et du bâton, si on veut que tu suives en classe...

Là-dessus, Muriel s'était levée d'un bond : Je vais desservir... Et lui : Pourquoi ? Reste donc là, ma douce. Je m'en occuperai plus tard... De toute façon, c'est mon tour.

Mais, non, rien à faire. Elle a empilé la vaisselle dans l'évier de leur kitchenette et s'est mise à tout laver, à tout ranger sans desserrer les dents. Le regard ailleurs.

Une remarque en passant : je ne voudrais surtout pas que vous la jugiez mal, ma Muriel. Que vous la preniez pour une psychorigide incapable de s'adapter à l'évolution de la société. Elle est attendrissante dans son désarroi buté. Mettez-vous à sa place. La place qu'elle briguait. Une place d'enseignante entourée d'élèves curieux, avides de connaissances. Pas une place de dompteur dans une cage aux fauves. Rien ne l'y a préparée. Et le voudrait-elle qu'elle ne pourrait pas arracher l'étiquette de mauvais prof qu'on lui a collée dans le dos. À son insu. Elle n'imagine pas une seule seconde que ça puisse être le cas. Si ces gosses sont intenables, ça n'est pas sa faute et si Vincent et les autres s'en accommodent, grand bien leur fasse.

OK, elle en agace plus d'un, plus d'une... Jolie comme elle est, manquerait plus qu'elle soit un prof modèle ! Ce sont pourtant des choses qui arrivent. Plus souvent qu'à leur tour. Encore une chance. Celle de Muriel que Mme Rolland, un ange de beauté, de compétence et de rayonnement, a pris en indulgente pitié. Tenez regardez-la se pencher vers sa protégée pendant cette incroyable vente à la criée — Tu peux me mettre la 3ᵉ E et la 4ᵉ BEP ?... Qui veut bien échanger une 3ᵉ C contre une 5ᵉ D ? — que constitue, chaque année, cette pratique peu courante et ultra-démocratique de laisser les profs, réunis par spécialité, libres de choisir les classes dont ils auront à s'occuper l'année suivante. D'habitude, ce privilège est réservé au principal et à son adjoint. Tout juste si les professeurs ont le droit d'émettre des vœux couchés par écrit : J'aimerais pouvoir suivre ma 6ᵉ D en 5ᵉ...

Remarquez, ils en font autant ici : Ah, non, Muriel, la 5ᵉ B, tu me la laisses, j'ai promis à mes élèvres de... Pourquoi tu ne prendrais pas la 4ᵉ Contrat ?

— Parce que j'ai déjà la 4ᵉ Aménagée et que je ne veux pas deux classes à profil...

Sa voix se perd dans un brouhaha ponctué d'éclats de rire et de coups de colère : Marina, tu me donnes une 3ᵉ, j'en ai pas ? — Et puis quoi encore ? Trois fois six heures et demie plus... Attends que je sorte ma calculette... C'est bien ce que je croyais, tu dépasses déjà... Ça te fait vingt-deux heures de cours, quatre en heures sup, alors

que moi je n'arrive même pas à mes dix-huit...
Maintenant si tu veux qu'on me paie pour ne rien
faire... Il reste une 6e... Qui la veut ?

Muriel lève une main, hésitante, découragée
d'avance : Ben, moi, ça fait une heure que je la
demande...

— Fabrice, tu la prends, mais tu lâches ta
3e d'insertion et tu la refiles à... Toi, Muriel, on te
donne la 4e Contrat et...

Alors, Mme Rolland, elle a posé sa main sur la
frêle épaule de Muriel : Écoute, Geneviève, là, tu
charries, tu ne vas pas l'obliger à se taper deux...

Et Geneviève : Mais si, pourquoi ? Si elle peut
assumer les Aménagées, elle peut assumer les
Contrats, c'est pareil.

Et Mme Rolland : Non, c'est pas pareil... Enfin,
presque, c'est vrai. Ne vous en faites pas, Muriel,
ça ira très bien, vous verrez. Ils ne sont pas
méchants, les Contrats, ils n'en ont rien à foutre
du collège, c'est tout. Mettez-vous à leur place.
Vous n'auriez pas la tête aux études si vous
débouliez de votre stage pour vous retrouver pendant quinze jours devant un tableau noir. Mais,
bon, suffit de savoir les prendre dès le départ.

C'est à ça qu'elle pense, Muriel, en raclant sa
poêle au-dessus de la poubelle avec un demi-sou-
rire doux-amer : Suffit de savoir les prendre ! Ça se
prend comment des adultes non consentants de
18-19 ans avec des faux cils ou de la barbe au men-
ton ? Par-devant ou par-derrière ? En levrette ou
en petite cuiller ? Elle aimerait bien le savoir justement !

Vincent est resté longtemps sans vouloir aborder le sujet. Sans même y songer. Ils attendaient Napoléon... Jérémie, pardon ! Et Muriel qui se portait comme un charme — elle n'avait jamais été plus sereine, plus épanouie, plus alerte — n'entendait pas chômer pendant son congé de maternité. Accroché aux grandes vacances, prolongé par celles de Noël, il devait lui permettre de commencer à préparer l'agreg de lettres modernes, puis de mettre sur le bon chemin ce bébé qu'elle allait nourrir au sein. Avec la ferme intention d'en mettre un autre en fabrication le plus vite possible. Bonne, merveilleuse excuse pour sécher l'école !

Et Vincent fondait de tendresse incrédule devant sa jolie crevette toute mince, toute menue, avec son petit ventre rond et ses petites lunettes rondes, elles aussi, qui lui faisaient un regard de chouette quand elle les chaussait pour lire : Quand tu relèves tes cheveux en chignon, tu sais à qui tu ressembles ? À une miniature d'Athéna... Mais, c'est qu'elle est sortie du crâne de Zeus, ma puce, pas vrai...

Je vous passe les premières douleurs, le trajet

affolé à l'hôpital... Aller... Et retour à la maison...
La dilatation commence à peine... Rentrez vous
coucher... Et retour à l'hôpital... Ben, qu'est-ce que
vous attendiez ? Vite, un chariot !... La salle de travail, la péridurale, les dernières contractions, le
gamin tout rouge, tout sanguinolent que Vincent,
bouleversé, lui a posé sur le ventre et je vous
retrouve trois mois plus tard, on est le 2 janvier, et
Muriel doit reprendre le chemin de l'école dès le
lendemain matin.

Vous l'auriez vue ! Une môme au bord des
larmes, à demi morte de trac et d'anxiété rien qu'à
l'idée de devoir se séparer et de ses bouquins et de
son bébé pour affronter, Blandine entrant dans
l'arène, sa glapissante, sa dévorante meute de pitt-
bulls.

Elle se serre contre Vincent en gémissant sans
même s'en rendre compte. Elle krebs, comme on
dit en yiddish, un vieil atavisme. Ses grands-parents
maternels étaient juifs. D'où ce prénom, Jérémie.
Elle se blottit dans les bras de son mari : Tu
m'aimes, dis ? Et lui, ému, maladroit... Ce serait
peut-être le moment de lui parler :

— Allez, tout ira bien, ne t'en fais pas, mon
petit chat ! Il suffit de savoir...

Et là, brusquement, elle va disjoncter, Muriel.
Ça ne lui était encore jamais arrivé :

— Suffit de savoir quoi ? Suffit de savoir les
prendre ? Oui, je sais. Sauf que je ne sais pas. Pire :
je ne veux pas le savoir. Et puis, je vais te dire, je ne
comprends pas comment un type comme toi, si
cultivé, si fin, si... Tu puisses te contenter de mettre
au pas des ados surexcités, des brutes avec un cer-
veau à peine plus gros qu'un petit pois, des... À ton

âge ! Non, franchement, Pépé Polo a raison, tu vaux mieux que ça. Pourquoi tu ne fais pas comme moi... L'agreg... Enfin, c'est pas possible ! Faut arriver à se sortir de ce merdier.

Vincent la regarde, estomaqué : Un merdier, ce bahut modèle, auquel il consacre depuis plus de dix ans le plus clair de son énergie, de ses réflexions, de son amour... Non, le mot n'est pas trop fort, de son amour du prochain... Il la regarde et ce qu'il voit lui fait froid au cœur : un petit visage fermé, buté, aveugle, sourd et muet. Incapable de s'intéresser à autre chose qu'à des analyses de texte, des exposés bidon sur des auteurs qui ne figurent même plus au programme sinon sous forme de morceaux choisis.

Il la regarde et détourne les yeux. Vaut mieux ne pas insister, ne pas creuser encore, en se justifiant, cet énorme fossé qui les sépare, cet abîme qui s'ouvre là, sous ses pieds... Mieux vaut faire comme si de rien n'était... Effacer, vite, d'un coup de torchon, cette injure gratuite...

Et si elle était voulue au contraire, si elle correspondait à la *Weltanschauung* — veuillez excuser mon pédantisme —, à la conception de la vie propre à... À tout ce qu'il déteste, les bourgeois, les nantis, les ringards accrochés à Jules Ferry comme à la seule bouée de sauvetage encore capable de sauver notre précieuse civilisation taillée en brèche par les vagues successives d'une immigration sauvage ?

Il la regarde à nouveau... Rassuré — il le faut bien — par cette larme qui coule sur la joue ronde de sa bien-aimée. Ça n'était rien, rien de grave, rien de profond, un coup de blues, un coup de panique à l'idée de devoir confier Jérémie, dès le lendemain, à cette foldingue de Monette. C'est Vincent qui l'a voulu. Elle est adorable, Monette, et il sent d'instinct qu'elle s'occupera du bébé comme si c'était le sien. Pas bien, peut-être, pas à la façon d'une nurse anglaise, mais mieux qu'une nourrice recommandée par la mairie. Et Muriel, cette perfectionniste, avait fini par céder à son cœur ou plutôt à sa tête défendant :

— Bon, OK, mais alors, c'est toi qui dois lui demander de respecter, jour après jour, nos instructions. Moi, je l'ai si souvent rappelée à l'ordre quand j'étais petite qu'elle ne prête plus aucune attention à ce que je peux bien raconter, là, maintenant.

Vincent la regarde, ému, surpris. Il ne l'a jamais vue pleurer avant ce soir, sa beauté, sa petite fille adorée : Tiens, chérie, ouvre le bec et je vais te mettre un Lexomil sous la langue. Ça va t'apaiser, tu vas te coucher tôt, faire un gros dodo et pendant ce temps-là, je vais appeler ta mère...

C'est Monette qui a appelé, il venait à peine de border Muriel dans son lit et de rouler le berceau du bébé profondément endormi dans le living que ça a sonné.

— Ah, c'est toi, Monette, j'allais justement... Comment ça, pas trop angoissée à l'idée de te laisser le bébé ?... Pourquoi veux-tu qu'elle soit... OK, c'est une question de confiance, mais bon, elle sait très bien que s'il arrive quoi que ce soit, tu sauras te débrouiller. Et puis, bon, on est là... L'Essonne ça n'est pas le Népal... S'agit pas d'avoir confiance en toi, mais confiance en elle ? Qu'est-ce que tu veux dire ?...

D'abord interloquée — C'est tellement évident,

non ? —, Monette, une petite futée sous ses airs
d'écervelée, Monette n'insiste pas. Qu'il ait de
Muriel une image en trompe-l'œil, c'est son problème. Ce n'est pas à elle d'éclairer sa lanterne. Elle
va bavarder de dit et de dat. Puis raccrocher, son-
geuse : Comment est-ce possible ? Comment Vincent
n'a-t-il pas senti, deviné, que derrière son épais mur
protecteur, sous son impénétrable carapace, sa fille
était bourrée de complexes, si bien dissimulés, si soigneusement écrasés qu'on la croirait volontiers
ramenarde, sûre d'elle et convaincue d'avoir toujours raison... Fallait pas être grand clerc pourtant...
Suffisait de la regarder avec les yeux de l'amour. De
l'amour lucide, exigeant d'une mère, une mère juive
de surcroît, pour son enfant. Pas de l'amour-passion
insatiable et comblé tout ensemble, fulgurante flambée à peine allumée que déjà éteinte...

Penchée sur sa casserole de lait — elle en boit
toujours un verre avant d'aller se coucher —,
Monette touche machinalement du doigt la cuiller
en bois accrochée au-dessus de la cuisinière... Si
par malheur Muriel se retrouvait un jour dans la
situation de sa mère, seule avec un ou même deux
gosses, ce sont des choses qui arrivent après tout,
va savoir comment elle tiendrait le coup. Pas évident ! Monette se redresse, partagée entre une
peur superstitieuse pour sa fille et la fierté de qui
ne s'en est pas si mal tirée. Si bien même qu'elle
n'a pas peu contribué en se laissant gendarmer,
materner par sa gamine, à l'armer contre les
démons destructeurs qui la bouffaient de l'intérieur. Ça t'arrangeait bien, en plus, avoue, cet
échange de rôles : À toi, celui de la femme-enfant,

à elle celui du mari, du confident, du père fouet-
tard, du conseiller en tout genre !

Monette, non, ça n'est pas un signe de gâtisme,
je fais pareil, Muriel ça lui arrive aussi, Monette
pense à haute voix et se tient, sans même s'en
rendre compte, de longs discours : T'es moins
conne qu'il n'y paraît, hein, ma grande ? Elle se
sourit, un sourire moqueur : Non, mais pour qui
tu te prends, pour la mère Dolto ? T'étais payée
pour la comprendre, Muriel. C'était le portrait cra-
ché de ta propre mère. Sur tous les plans. Nez
compris. Encore une chance que j'aie pu lui en
offrir un autre, ravissant, celui-là. Il a fallu attendre
ses dix-huit ans. Peut-être que c'est ça qui l'a écor-
chée vive, c'est le fait de jouer les Cyrano pendant
toute son adolescence... Parle pour toi, Monette,
tu étais, tu es restée si coquette, si simplette..
Muriel, c'est autre chose, c'est une intello.
Préparer l'agreg tout en couvant, puis en crachant,
puis en maternant un nouveau-né, faut le faire
quand même ! Non, c'est vrai, on ne mesure pas
ce que ça peut représenter comme effort, comme
travail... C'est énorme ! Là, elle tient de son père...

Je me demande si ça ne l'a pas marquée, ça
aussi, l'absence du père... Elle ne m'en a jamais
parlé, mais, bon, paraît que... Bof, si cet arriviste
de merde l'avait reconnue, s'il ne s'était pas
contenté de passer nous voir de loin en loin, s'il
s'en était occupé, est-ce que ça aurait tellement
mieux valu ? On n'était pas bien, là, toutes les trois ?
Si elle était mal, Muriel, elle me l'aurait dit... Elle
me disait tout. Tout quoi ? Elle ne disait rien, oui.
Elle était vachement renfermée déjà. Tout le
contraire de Charlot... OK Charlotteu, qui n'hési-

tait jamais à appeler son fantôme de père au secours, en se foutant gentiment de ma gueule, chaque fois que j'essayais — c'était pitoyable, c'est vrai — de faire la grosse voix : Daddy ! Daddy ! Help ! Au secours ! Monte sur ton beau destrier blanc et viens m'arracher aux griffes de cette sorcière, de ce dragon cracheur de feu... Mais, c'est qu'elle serait cap' de me crier dessus, cette furie... Help ! Daddyyyyy !

Rien qu'à l'idée de reprendre le collier dès le lendemain, elle en est malade, Muriel. Elle va passer la nuit penchée sur la cuvette des chiottes à se vider, tripes tordues, bouche amère, par les deux bouts. Et quand Vincent débarquera, tout ensommeillé, sur le coup de six heures du matin dans la salle d'eau, il la trouvera étalée, gémissante, épuisée, sur le tapis de bain. Vous devinez la suite : SOS Médecins. Gastro-entérite... Tu parles ! Ordonnance recto verso et arrêt de travail. Le premier d'une longue série.

Muriel qui se portait comme un charme pendant sa grossesse va se déglinguer de partout : mal au ventre, mal aux dents, mal au dos, mal à la tête... Allergies, tachycardie, insomnies. Non, elle ne simule pas, elle somatise. À mort. Et Vincent, comment il réagit ? D'abord très inquiet, il ne va pas tarder à tomber dans l'excès inverse : Prends donc un Témesta, tu te sentiras mieux... Tu sais bien que c'est nerveux... Non, elle ne le sait pas justement. Elle croit que c'est pour de vrai. Et ça l'est. Nerveux ou pas, c'est tout aussi douloureux.

Ce genre de remarque, ça la tue. Moi aussi. Au point de vouloir faire marquer sur ma tombe : Je

vous avais bien dit que j'étais malade. Rien de plus
vexant que le scepticisme agacé, condescendant
d'un entourage dont on espère en vain un rab de
tendresse démonstrative : Ça va pas, hein, ma pauvre
chérie ? Tu veux tes gouttes ?... Une tisane ?... Une
bouillotte ?... Un verre d'eau ?... Un câlin ? Mon
petit sphinx de Muriel, elle n'est pas du genre à se
plaindre ouvertement, sa tendance, ce serait de
souffrir en silence. Résultat : Pas encore habillée,
Muriel ? Non, mais t'as vu l'heure ? Moins le quart !
Le temps qu'on passe chez Monette déposer le
petit... Ne me dis pas que tu es encore arrêtée !
Inutile de le lui dire, en effet, il l'a deviné tout
seul. Comme un grand.

Pour reprendre le droit fil de ce récit...
J'espère que vous aurez salué au passage la kolos-
sale finesse, la fulgurante virtuosité dont témoignent ces retours en arrière emboîtés les uns
dans les autres façon poupées russes... Pour
remettre les pendules à l'heure, donc, j'en
reviens au moment où Muriel et Vincent, retour
du collège, se pointent chez Monette avec l'intention, de son côté à lui, d'y passer la soirée pour
ne pas se retrouver seul à regarder le foot à la
télé pendant que Muriel potasse son Mallarmé en
prévision de ce foutu concours. Est-ce qu'il va
arriver à ses fins ou pas ? Désolée d'avoir fait
durer cet insoutenable suspense aussi longtemps,
mais la réponse est oui. Oui, ça va s'arranger.
Muriel rentrera bosser. Vincent la rejoindra après
le match et Jérémie, il roupille à poings fermés,
dommage de le réveiller, restera coucher chez sa
mamy.

etrouve huit jours plus tard dans la
mbarde de Ségolène, l'AS, l'assistante
e Raymond-Fourneron. Avec Vincent. Elle
. Lui l'adore. Nuance. N'empêche ils sont
faits l'un pour l'autre, ces deux-là, généreux, chaleureux, sans complexes et sans états d'âme, tout à
leur combat de chaque instant pour l'insertion et
l'épanouissement de « leurs » enfants dans le système scolaire. Deux forces de la nature. Deux
soleils, deux Lions ascendant Sagittaire. Et Muriel,
ce Scorpion, les surveille de loin, un peu jalouse,
mais pas vraiment inquiète, trop sûre de son
entente physique avec Vincent pour imaginer un
seul instant qu'il veuille, qu'il puisse même s'envoyer en l'air avec ce gros tas.

Ségolène a rendez-vous à la cité des Œillets avec
une de ses femmes-relais. Des femmes turques,
maliennes, maghrébines ou chaldéennes. Des
femmes jeunes. Elles ont appris le français et
servent d'interprètes, voire de guides dès qu'il
s'agit de s'aventurer hors de ce qu'elles appellent
le quartier, à des mères de famille nombreuse
restées complètement étrangères à ce pays, leur
pays d'accueil. Installé au rez-de-chaussée d'une
barre entièrement taguée, lépreuse, immonde, le
modeste local des femmes-relais ne désemplit pas.
Il est ouvert à toutes celles qu'un avis, une convocation, un courrier, une démarche jettent dans la
plus profonde perplexité. Vous diriez des poules
qui ont trouvé un bouton. Déjà qu'elles ne savent
ni lire ni écrire leur propre langue et qu'au bout
de dix, quinze ans de présence ici, elles n'ont toujours pas appris un seul mot de français, elles sont
totalement incapables de retrouver, à plus forte

raison de trouver le chemin du collège, de la mairie ou du bureau de poste.

S'agissant d'un gamin de 14 ans, un petit beur d'origine marocaine complètement déchaîné depuis quelque temps, un élève de Vincent, il redouble sa 5ᵉ, qui va droit au conseil de discipline pour insultes aux professeurs, menaces et violence, il a même été jusqu'à lever la main sur la gardienne, Ségolène a proposé à Vincent de l'accompagner : Tu ne dis rien, tu me laisses faire et comme ça tu verras la mère. Un personnage...

— Bonjour tout le monde, je vous présente un collègue... Aïcha, tu as dit à Mme Ouakili que je voulais la voir ?... Ah, tiens, madame Ikpeba... Comment ça va ? C'est le petit dernier ? Ça vous en fait combien, là ? Trois ? Et votre coépouse, son cinquième c'est pour quand ?

Longue, mince, racée, drapée dans un boubou azur et miel, turban assorti, Mme Ikpeba sourit sans comprendre, les yeux fixés sur la femme-relais qui se fait l'écho de Ségolène en bambara. C'est pour quand ? Son sourire s'efface : Je ne sais pas.

Entre une grosse, une énorme dame en babouches et en djellaba, le foulard noué autour d'un visage d'homme : regard aigu, intelligent, rides d'usure et d'expression. Elle s'assied lourdement, jambes écartées, mains sur les genoux et se tourne vers Aïcha, sa femme-relais : Alors, qu'est-ce qu'il a encore fait, Ali ?

Par l'intermédiaire d'une Aïcha imperturbable, elle en a vu d'autres, Ségolène lui explique sans insister, sans avoir l'air d'y toucher, les « problèmes » du gamin, le dernier-né, le seul garçon, le petit frère hyper-gâté de ses cinq grandes sœurs. Les raisons de cette discrétion ? Des problèmes ça n'est pas tellement qu'il en pose — à la limite peu importe —, c'est qu'il en a. Graves.

— Est-ce qu'il rentre tard le soir ?

La mère hoche la tête : Non, en semaine, il est là pour 8-9 heures. Et Ségolène : Il sort du collège à 4 heures et demie, mettons 5, alors, ça fait tard quand même... Et le samedi ?

— Ah, ben, ça le samedi, il n'a pas d'heure, normal, il sort avec ses copains.

— Ses copains, parlons-en ! Il a tellement changé depuis la rentrée qu'on peut se demander s'il ne fraye pas avec les voyous du bâtiment 15... Voyez ce que je veux dire ?

— Possible, mais que faire ?

— Ben... Et comment est-il avec vous et avec votre mari, madame Ouakili ?

— Ça dépend des jours... Gentil parfois, pas souvent... C'est l'âge aussi. Pas facile de les tenir, les garçons. C'est pas comme les filles. Tiens, à propos, l'aînée se marie le mois prochain. Et la deuxième, on me l'a demandée hier, figurez-vous.

Alors, Vincent, il n'avait pas pipé jusque-là :

— Malika ? Mais vous n'allez pas la... À 18 ans ! Ce serait criminel, voyons, c'est une bonne élève. Elle est entrée au lycée sans aucune difficulté. Elle travaille bien. Elle peut faire des études plus poussées... Devenir professeur même, qui sait ?

La mère le regarde en rigolant :

— Malika, elle pourra bien faire tout ce qu'elle voudra une fois mariée. Moi, à 18 ans, on me les demande, je les donne. Après ça, à la belle-mère de s'en charger ! Sans compter qu'il m'en reste encore trois sur les bras.

Ségolène se lève :

— Oui, ben, de ce côté-là, pas de problème. Elles sont toutes plus jolies les unes que les autres... Et votre mari, qu'est-ce qu'il en pense ?

— Du mariage de mes filles ? Rien. C'est à moi de décider. Ah bon ! De la conduite d'Ali. Rien non plus. Vous ne pensez tout de même pas que je vais le mettre au courant. Il serait capable de le frapper. Je le protège, moi, mon fils. J'en ai qu'un et j'y tiens.

Elle est vraiment sympa, à l'image de l'équipe enseignante, la salle des profs à Raymond-Fourneron. Un havre de chaleur et de gaieté comparé à tout ce que j'ai pu voir ailleurs. Un petit, un modeste port d'attache abritant une machine à café, une poubelle débordant de gobelets usagés où surnagent cendres et mégots, deux longues tables à angle droit, des casiers, quelques chaises et un canapé à deux places. C'est le seul endroit où l'on puisse se détendre à cinq kilomètres à la ronde. Pas question, dans ces collèges éloignés de tout centre commercial, d'aller faire ses courses, encore moins de se payer une toile entre deux cours. C'est un des fantasmes de Muriel : Vivement que je sois nommée ailleurs... Là, je pourrai...

Vincent, lui, n'a rien de plus pressé que de s'y retrouver. Bientôt rejoint, au hasard des emplois du temps, par Ségolène, Didier, Mme Rolland, Casimir, c'est le surnom d'un prof de maths, un géant, noir de peau et blanc de dents, et là, en ce moment — elle a repris du poil de la bête — par Muriel. On s'y attroupe devant le distributeur. On y pique-nique entre nanas, c'est rarement le cas des mecs, d'une pomme, d'un yaourt et d'un Krisproll sortis d'un sac plastique. Et on y parle boutique. Curieusement, s'agissant de gens qui ont souvent tissé des liens d'amitié — ils se ramassent et se raccompagnent en bagnole quand ils habitent dans le même coin et dînent ensemble à l'occasion —, oui, curieusement, les profs, entre eux, évoquent rarement leur vie privée.

Leurs difficultés, leurs satisfactions, leurs merdes ont toutes trait au comportement des élèves, aux projets pédagogiques (voyages accompagnés, visites de musées, revues de fin d'année) qu'ils mettent sur pied ensemble et aux rumeurs en provenance de l'administration. Entendez le principal et son adjoint. M. Lorillot et M. Rondeau. Ils sont inséparables. Un grand maigre au beau visage émacié, auréolé d'une couronne de cheveux blonds. Et un petit gros au mince sourire entendu, taquin, clignotant derrière des lunettes le plus souvent relevées sur le front. Laurel et Hardy, Hardy et Laurel comme on les surnomme affectueusement.

Ce jour-là, en fin de matinée, Vincent n'est pas là, il n'a cours que l'après-midi, la salle des profs est en émoi : Ali a encore fait des siennes. Il a traité Ségolène. De quoi ? De connasse. Comme dans : Pourquoi t'es allée cafter à ma mère espèce de... Quand il est rentré la veille au soir sur le coup de 21 heures, dans son F2 briqué nickel aux fenêtres drapées de rideaux joliment crochetés, sa mère s'est permis de lui demander où il avait encore été traîner. Il lui a crié dessus. Si fort que ça a réveillé le père, un éboueur, dont on étale le matelas dans la cuisine entre l'évier et le frigo

pour qu'il puisse se coucher tôt : Qu'est-ce qui se
passe ? La mère se tait. Deux des sœurs qui assis-
tent à la scène aussi. La dernière, élève à
Raymond-Fourneron, elle est en 4e, va pour
répondre par pure étourderie. Et, brusquement
consciente du danger, met la main devant sa
bouche. Trop tard. Sa mère la braque d'un regard
muet lourd de menace : Si tu parles, t'auras affaire
à moi, ma petite ! Le père, lui, pose sur sa tempe
le revolver et d'une voix chargée de colère : Si tu
ne parles pas, tu risques de le regretter, ma fille !

Qu'est-ce qu'elle va faire ? Ben, tiens, elle va
s'incliner devant la loi du plus fort et manger
le morceau : L'assistante sociale du collège a
demandé à parler à maman... Ali est devenu infernal... Elle pense qu'il a été recruté par les dealers
du bâtiment 15... Et elle dit qu'il va passer devant
le conseil de discipline...

Résultat, c'est un M. Ouakili tiré à quatre
épingles dans son costume du dimanche qui va
entrer dans le bureau du principal où il a été
convoqué avec Ali, un M. Ouakili d'un calme
olympien : Je sais tout, m'sieur le directeur, et bon,
ça y est, je l'ai puni. Il a reçu la rouste de sa vie.

— Oui, mais non, vous ne savez pas tout,
monsieur Ouakili. Il a récidivé. Il a gravement
insulté Mlle Sebran, l'assistante sociale, une
femme formidable. Au collège, tout le monde
l'adore... Je préfère ne pas vous répéter de quoi il
l'a traitée... C'est intolérable...

Rondeau passe une tête rigolarde par la porte
entrebâillée. Il a Mme Bouzy au téléphone, la
mère d'un petit Julien, un petit gros à lunettes en
6e D : Tu veux pas venir voir une seconde ? Elle est

furax... Paraît que Michaël a encore pissé dans la bouteille qui leur sert à s'envoyer de la flotte à la figure en cour de récré, son fils est rentré trempé et elle nous menace de... Lorillot se lève — Permettez, monsieur Ouakili, je reviens dans une seconde — et va prendre la communication dans le bureau de son adjoint. Il va revenir en courant, Rondeau sur les talons, alerté par les hurlements d'Ali :

— Arrêtez, monsieur Ouakili, qu'est-ce que vous faites ?

— Ben, je le corrige, vous voyez bien... Vingt coups de ceinture... Et c'est pas cher payé !

— Enfin, monsieur Ouakili, c'est pas des façons de...

— Ah bon, parce que vous en connaissez d'autres, vous ?

— Bien sûr. Nos méthodes d'éducation ne passent plus par...

— Quoi méthodes ? Quelles méthodes ? Elles n'ont pas l'air bien efficaces, vos méthodes... Y a qu'à voir le résultat !... Si jamais mon fils touche à la drogue, à qui la faute ? Viens là, Ali, c'est pas fini. Et arrête de pleurnicher, tu entends ?

Très entourés, Laurel et Hardy racontent la scène en salle des profs : Il a fallu le désarmer, lui arracher sa ceinture des mains... Il nous regardait sans comprendre...

Alors, Muriel : Moi, non plus, je ne comprends pas... On a beau dire, les châtiments corporels avaient du bon. Il n'y a qu'à voir dans les collèges, en Angleterre, ça a forgé des générations d'hommes de décision. Ça leur a trempé le caractère, appris la discipline, à Disraeli, Churchill, le prince Philip et les autres.

Ils détournent les yeux, consternés. Ils font comme s'ils n'avaient pas entendu. Elle aurait lâché un énorme pet qu'ils n'auraient pas réagi autrement. Horriblement déçue, humiliée, Muriel va se réfugier dans les toilettes le temps de refermer le rideau de fer qu'elle n'aurait jamais dû relever.

Et quand, un peu plus tard, à la cantine, Rondeau, tout sourire, un sourire complice, amusé, dépose son plateau à côté du sien — Vous permettez, madame Falguière ?... Je serais assez d'accord avec vous, moi... Mais bon, c'est pas politiquement correct... Pas du tout. Pas des choses à dire, sinon entre gens de toute confiance. Après une seconde d'hésitation, elle va refuser la perche tendue et changer de sujet de conversation :

— Immangeables, ces pâtes... Al dente, vous aimez, vous ? Moi, je n'arrive pas à m'y habituer.

Encore une erreur de tactique. Visiblement étonné, dépité par cette fin de non-recevoir injustifiée, sans même prendre la peine de lui répondre, Rondeau se tourne ostensiblement vers Lorillot qui cherche une place debout derrière lui : Tiens, assieds-toi donc là, à ma droite... Poussez-vous un peu, monsieur Martin... Voilà... Dis donc, j'ai rappelé la mère Bouzy et tu sais ce qu'elle m'a sorti...

Elle en pleurerait, ma pauvre Muriel, ma pauvre chérie. Contre elle-même. Pas contre lui... Enfin, si, un peu quand même ! Elle repousse son assiette, se lève, ramasse son plateau et s'en va sans un mot... Et sans savoir qu'il la suit du regard, un regard ému soudain par tant de pataude maladresse jointe à tant de fragile joliesse.

— Tu vas lui mettre combien à Soria ? Hé ! Ho ! Vincent, je te parle... Où t'es, là ?

— Ici... Pourquoi ? Où veux-tu que je sois ?

— Je n'en sais rien, moi... Pas ici, à Raymond-Fourneron, toujours !... Hé ! Ho ! Vincent, c'est moi, Machin, prénom Didier, professeur certifié de mathématiques... Tu me remets ? Je suis en train de noter la 5ᵉ D et je te demande combien tu vas donner à Soria machin...

— Soria ? Je ne sais pas moi... 10 et quelque... 10,3 ou 4 en histoire. En géo, un peu moins... ! Pourquoi ? Combien veux-tu que je lui mette ?

— Enfin, Vincent, je ne veux rien, moi, je te demande machin, c'est tout... Non, parce qu'on a tous trouvé qu'elle avait plutôt bien travaillé... Mieux que l'an dernier. Enfin, tous... Pas Muriel ! Elle, elle n'y va pas de main morte, dis donc ! Et Julien Bouzy, tu... ?

— Quoi, Soria ? Qu'est-ce qu'elle lui a mis, Muriel ?

— Ah ! Tu te réveilles... Attends voir... Soria... En français : 0,2 et 0,4... Élève insolente, dissipée, résultats catastrophiques machin. Tu veux que je te dise, elle a un problème là.

— Soria ?

— Non, Muriel. Je t'en ai déjà parlé machin, mais j'ai l'impression que tu as occulté. Tu veux que j'essaie de... Remarque, d'une certaine façon, je la comprends. S'agit de savoir ce qu'on veut machin. Si c'est transmettre des connaissances, en 1998, dans la banlieue parisienne, pas évident ! Tiens, à propos, va falloir que Mme Rolland revienne me donner un coup de main machin en 5e H. Non, écoute ça : l'autre jour, je leur demande combien Mme Durand a payé un rôti de porc de 1,200 kilo à 18 F le kilo... Et tu sais ce qu'ils m'ont répondu ? Ben, vous venez de le dire, m'sieur, 18 F ! Maintenant faut se faire épauler par un prof de français, à grands coups d'études de texte, sinon ils ne comprennent même pas l'énoncé d'un problème de CM2. Avoue que c'est quand même... Tu me diras machin...

Vincent ne lui dira rien. Ni chose ni machin. Il est ailleurs. Où ça ? Dans une cage d'escalier puant la pisse rance, délabrée, taguée, mal éclairée. Les ampoules ne sont jamais remplacées. Il grimpe au 7e sur les talons de Ségolène. Un 7e sans ascenseur. En panne depuis des mois comme presque tous ceux du quartier. Ségo va rendre visite à Koebé, une femme-relais, une Malienne, enceinte jusqu'aux dents, qui n'a pas osé descendre au local des fois qu'elle ne pourrait pas remonter chez elle avec un gros bébé dans le ventre et un autre pesant au moins six kilos sur le dos... Sept étages à pied, c'est risqué dans son état. Et Vincent n'est là que pour voir ça, une cage d'escalier dans la cité. Koebé ne le laissera pas entrer chez elle, il le sait. Tout juste si elle ouvre sa porte à Ségolène. En l'absence du mari, chômeur, et de la coépouse, une femme de ménage, qui bosse à cette heure-ci. Elles ont sept mômes à elles deux. Si elles s'entendent ? Comme chien et chat.

Arrivés sur le palier du 5ᵉ, Vincent plaque Ségolène contre un mur lépreux pour lui éviter d'être renversée par trois ados vociférants, des gosses de 14, 15 ans qui déboulent en sens contraire. Elle se dégage avec un grand sourire et leur lance sur le ton familier, rude et vaguement enjoué d'une Mamma habituée à rabrouer sa nichée : Pouvez pas faire attention, non ? En voilà des manières ! Tiens, Karim ! Je croyais que tu étais malade. Ça n'a pas l'air d'être bien méchant, cette otite, dis donc ! Elle est là, ta mère ?... Et ton grand frère ? Non plus ? Si tu n'es pas demain matin au collège, je vais les trouver, je te préviens ! Avec tes deux carnets de correspondance... Celui qu'on te confie et celui que tu leur concoctes ! Allez, file... Dou-ce-ment !... Pas la peine que tu te fatigues à monter encore deux étages, dis donc, Vincent, tu as tout vu là, maintenant.

Pas vraiment surpris, il l'a déjà vue à l'œuvre, mais troublé soudain, séduit par sa manière d'être si naturelle, si décontractée dans un milieu qui lui était totalement étranger, au départ, Vincent la regarde en silence, un silence assez éloquent pour la faire rougir. Et ajouter — signe d'amitié ou de dépit ? — avant de lui tourner le dos : Bon, ben, alors, salut, Vincent, bonne soirée !

— Hé ! Ho ! Vincent ! Je te parle ! Tu reviens sur terre, oui ? On peut savoir où tu étais machin ?

Vincent hésite pendant une fraction de seconde et puis :

— Avec Karim dans une barre aux Œillets.

— Lequel ? Il y en a une flopée, des Karim ici.

— N'importe lequel. Ils sont tous logés à la même enseigne. Une enseigne toute déglinguée mais raccordée à un satellite. T'as remarqué, il y a au moins dix enceintes paraboliques sur chaque barre dans la cité. Les gamins ne voient que des chaînes turques, africaines ou arabes. Pas étonnant qu'ils disposent de cent vingt mots de français à peine. À se demander où ils les ont appris. Leur problème, ça n'est pas de trop regarder la télé, c'est de ne pas la regarder assez. La nôtre, je veux dire.

— Alors, là, mon vieux, ils ne perdent pas grand-chose ! Elle est d'un nul ! T'as vu « La marche du siècle » sur la violence à l'école machin l'autre soir ? C'était n'importe quoi.

— La question n'est pas là, voyons, Didier ! On se fout de ce que disent les présentateurs, les invités tout ça. L'important c'est qu'ils le disent en français.

— C'est pas du français, c'est du franglais ou du franjeune. On dit d'une situation qu'elle est sérieuse au lieu de grave. On dit habiter sur Marseille au lieu de à machin. On dit appart, com, perso, kit, cata et pack machin... Tout juste si on ne parle pas le verlan.

— Ça ne serait déjà pas si mal. À Fourneron, sorti de deux trois mots, keuf, meuf, laisse béton, le verlan, personne ne le comprend. Normal. Pour parler le français à l'envers, faut commencer par savoir le parler à l'endroit.

Vincent et Muriel vont se retrouver pour la première fois ensemble à un conseil de classe. Ils ont toujours évité de faire cours aux mêmes élèves, mais bon, là, pour la 5e D, question d'horaires, de répartition, ça s'est trouvé comme ça. Avant d'égrener un à un les noms des élèves inscrits par ordre alphabétique dans l'énorme registre où sont consignées les observations des profs qu'il va assortir d'une remarque en forme de résumé, Rondeau, l'adjoint du principal, fait un premier tour de table.

Qu'est-ce que ça donne en maths, Didier ? Bof, pas terrible. La moyenne générale arrive péniblement à 8 machin. Dur dur de capter leur attention. Mais, bon, il y en a quand même une demi-douzaine qui ne s'en tirent pas trop mal.

Histoire-géo ? Vincent, lui, est assez content. Il les trouve plus attentifs, plus motivés qu'ils ne l'étaient en début d'année.

Musique ? La prof se marre : Il n'y a pas grand-chose à dire sinon qu'ils nous jugent sur notre aspect, notre attitude. On passe pour une débile si on leur fait chanter un air ancien. Et pour hyper-sympa si on leur apprend un tube !

Français ? Alors, Muriel, de sa voix flûtée, une voix sans appel : C'est une classe particulièrement pénible. Il n'y en a pas un pour rattraper l'autre. Ils sont déchaînés. Ils n'écoutent pas. Il faut continuellement faire la police et je ne suis pas payée pour ça.

Les collègues baissent le nez sur leurs notes. Pas question d'échanger ne serait-ce qu'un regard complice en présence de Vincent.

Physique... Anglais... Arts plastiques... Les avis tombent, plutôt nuancés : Ça n'est pas une très bonne classe peut-être, mais il y a pire. Ils ont tendance à papoter, à prendre leur temps. Il faut compter dix bonnes minutes entre le début du cours et celui du vrai travail. Cela dit, certains bons éléments méritent tous les encouragements.

Quand ensuite on passera les élèves en revue, cas par cas, en les appelant par leurs prénoms, Muriel — ça la surprend à chaque fois — va s'étonner de la sévérité inattendue de ses collègues, Vincent en tête, s'agissant d'enfants à qui ils trouvent toutes les excuses en salle des profs. Et qui, pris dans leur ensemble, leur inspirent une souriante indulgence.

Là, on en est à Bouzy Julien, le petit gros à lunettes, le fi-fils à sa maman, objet de pitié amusée habituellement. M. Rondeau consulte les différents profs, sans lever les yeux de son registre : Anglais ? Sa moyenne est tombée de 7 à 4. Il ne fiche rien. Histoire-géo ? Nuls, ses résultats ! Il ne se réveille que pour sortir des bonbons de son sac. Maths ? C'est catastrophique. Il ne se donne même plus la peine de recopier ce que je marque au tableau noir... Appréciation générale ?

M. Rondeau lève un Bic impatient, avec lui faut que ça aille vite. Des conseils de classe, il en a quatre par jour en ce moment. Silencieux, regard vide, les deux élèves délégués assis côte à côte jouent les nains de jardin. Et les parents brillent par leur absence. Normal : ceux de la cité, ça les dépasse et ceux des pavillons, ça les barbe.

Alors, sans plus attendre, l'adjoint grommelle entre ses dents tout en écrivant : Trimestre très décevant. Résultats alarmants. Manque d'énergie et d'attention... On lui colle un avertissement ? Et voi-là !

Nadia ? Elle va en prendre pour son grade, elle aussi. Michaël, Aïssa, Patrick et les autres pareil. Pas tous les autres bien sûr. Loin de sabrer les têtes qui sortent du lot, nos gauchos d'enseignants les soutiennent au contraire, les encouragent.

Si bien qu'à nouveau enfermée avec son mari, sur le chemin embouteillé du retour vers Paris, dans le huis clos de leur bagnole, Muriel croit pouvoir se risquer sans danger sur le terrain habituellement miné de l'homogénéité. Entendez le fait de regrouper les élèves de même niveau de façon à leur dispenser un enseignement adapté à leurs connaissances et à leurs capacités.

— Enfin, chéri, ça permettrait aux bons de ne pas perdre leur temps et aux mauvais de ne pas se sentir largués... Et quand je dis mauvais... Ils ont beau être francophones, ils ne savent pas le français. Moi, ce que je leur enseigne, c'est une langue étrangère. Dire qu'on envisage de leur apprendre l'anglais dans le primaire ! On ferait mieux de... Enfin, tu ne peux pas ne pas être d'accord, Vincent... Honnêtement !

Oh, que si, il peut ! Honnêtement, ça je ne sais pas. Les faits sont là et il ne cherche pas à les nier, il les souligne volontiers au contraire. Mais ce qui l'exaspère, ce qui le choque, c'est cette façon de les interpréter et d'en tirer des conclusions carrément fascistes. Piqué au vif, il va réagir avec la pétulance offusquée d'une dame patronnesse devant une paire de fesses grossièrement dénudées sous son nez :

— Et ceux qui ne sont pas capables de suivre du tout, les non-francophones entre autres, on les regroupe dans des camps destinés à fournir de la main-d'œuvre aux patrons, c'est ça ?

— Ah, je t'en prie, Vincent, pas ça, pas toi, pas moi ! Il y en a marre de ces amalgames, de ces procès d'intention, de ces éternelles références à Hitler chaque fois qu'on ose parler de différence, pas question même d'inégalité entre les êtres dans ce pays de tarés... Tous collabos pendant l'Occupation... Il y avait plus d'Allemands résistants que de Français résistants dans les camps en 1942, figure-toi !... Un pays qui vote à 15 % pour un Front national viscéralement antisémite... Ton père, je l'adore et il m'aime bien, mais faudrait pas les mettre sur le sujet des youpins, lui et ses copains...

Quelle mouche la pique ? Elle a perdu la boule ou quoi ? Non, pas vraiment. Elle s'est laissé emporter, ça a été plus fort qu'elle, pas un ras-le-bol, un raz de marée qui a tout emporté, ses défenses naturelles, ses scrupules à soulever le coin de tapis où pourrissent de vieilles rancunes... Rien de personnel dans tout ça... Ce sont des faits... Et si

Vincent, un prof d'histoire en plus, ne veut pas les regarder en face...

Il l'a regardée, elle, comme s'il la voyait pour la première fois sous son vrai jour, horrifié. Et il a profité du bouchon qui les obligeait à faire du sur-place pour sortir de la voiture en claquant une portière lourde de rancune, de dépit inexprimés. Muriel essaie de le suivre des yeux, se fait rappeler à l'ordre par un coup de klaxon impérieux, redémarre et débarque seule chez Monette une heure plus tard.

— Ah, te voilà, ma grande ! Et Vincent ? Il n'est pas avec toi ? Son père vient d'appeler. Il pensait le trouver là. C'est à propos de Noël. Tu sais ce qu'il propose ? Qu'on passe le 24 chez lui et le 31 ici tous ensemble, au lieu que vous vous partagiez un coup chez lui, un coup chez moi... D'autant que ses autres enfants, il les aura pas cette année. Ce serait chouette, non ? Qu'est-ce que tu en penses ? Faudrait qu'on descende en voiture parce que là, c'est trop tard pour avoir des billets de train... Où il est, Vincent ? À la maison ? Appelle-le donc, je suis sûre qu'il sera ravi... Lui, plus il voit son père, mieux il se porte, alors à plus forte raison pendant les fêtes... Tiens, voilà le portable... Qu'est-ce que tu attends ? Téléphone-lui au lieu de me fixer, les yeux ronds, comme une poule qui a trouvé un bouton !

Complètement tourneboulée par la scène dans la bagnole et la façon dont Vincent l'a plantée là au beau milieu de l'A6, Muriel, au lieu de se confier à sa mère, ça, elle ne sait pas faire, ça ne lui est jamais arrivé de sa vie, ni à sa mère ni à personne, Muriel va se verrouiller, au contraire. Pas question d'appeler Vincent devant Monette, pour lui annoncer que son père les a tous invités à passer Noël chez lui. Après ce qu'elle lui a sorti, il risque de lui raccrocher au nez. Alors que faire ? Un mensonge de pure forme, de simple gentillesse : Vincent n'est pas encore rentré, chérie, il est passé chez un copain... Non, trop désemparée pour ne pas réagir d'instinct — il n'est pas joli joli, mais bon, c'est le sien —, elle va s'écarter encore et tenir cette pauvre Monette à hautaine et vexante distance :

— On se calme, tu veux, maman ! Il n'y a pas le feu. Noël, c'est dans dix jours... Vincent, je lui en parlerai quand ça se trouvera... Qu'est-ce que c'est que ce petit pot pommes de terre-carottes vide ? C'est la compote qu'il fallait lui donner, voyons ! Jérémie-dîner : compote et biberon renforcé... Combien de fois faudra-t-il te le répéter ?

Monette la regarde, interdite, pétrifiée, les larmes aux yeux, comme une gamine qui arrive, toute contente, avec un beau cadeau enrubanné et se prend une claque au lieu d'un baiser sur la joue. Muriel en profite. Sa mère n'a eu droit qu'à la gifle aller, elle va lui coller le retour : Et puis, arrête de faire l'enfant ! On ne peut plus rien te dire sans que tu te mettes à chialer, ma parole.

Entre Charlotte : Ah ! Muriel ! Maman t'a dit pour Noël ?... Tu pleures, chérie ? Qu'est-ce qu'elle t'a encore fait, cette chipie ? Quoi, la... La compote ? Non, mais je rêve ! Viens, maman, viens là que je te console et toi, Muriel, tu remballes ton petit pot et ton gosse et tu... Si tu n'es pas contente de cette crèche, tu en changes, OK ?

À minuit passé, Vincent n'est pas rentré, et Muriel guette, tapie au fond de leur lit, le bruit de sa clé dans la serrure. À la fois bouffée par le remords et apitoyée sur son propre sort, envahie par un insupportable sentiment de détresse, elle hoquette, secouée par des petits sanglots étouffés sous la couette. La compote, quelle importance au fond ?... Et Vincent... Il est tout sauf antisémite. Il adore son bébé juif. Alors pourquoi lui avoir jeté Pépé Polo à la tête ? Pépé Polo en extase devant Jérémie, lui aussi... Et maman si contente à l'idée de ne pas rester seule avec Charlot à Noël... Et Jérémie qui s'est mis à hurler quand je l'ai réveillé pour l'embarquer... Je n'allais quand même pas rester là à subir les sarcasmes de cette brute de Charlotte... Sûr qu'il a senti que quelque chose n'allait pas, mon bébé... Et si ça allait le marquer pour la vie ?

Pas facile, aussi, de mener tout de front, toute

seule, sans pouvoir compter sur qui que ce soit. Pas évident de devoir jongler avec un gamin, une agreg, un poste dans une banlieue pourrie, une mère d'une fragilité infantile et un mec bourré de principes, d'idées toutes faites qui n'arrête pas de me juger à l'aune de cette grosse pouf de Ségolène... Non, mais, attends, qu'est-ce que tu vas chercher ? Il s'en fiche de Ségolène. C'est toi qu'il aime. Ouais, enfin... Il m'aimait : imparfait. Il m'a aimée : passé composé. Ah ! Dieu du ciel, si tu existes, si tu es là, je t'en supplie aide-moi... J'en ai marre... Marre de quoi ? Marre de tout... C'est toi, Vincent ! Ah, mon chéri !

Elle a jailli hors du lit et s'est jetée à son cou en lui demandant pardon dans un grand élan d'amour soulagé, repentant. Il s'est dégagé, raide comme la justice : Ah, je t'en prie ! C'est trop facile. Tu m'agresses de la manière la plus basse, la plus... Sans aucune raison, sans rien... Après quoi tu t'imagines qu'il te suffira de... Tu veux que je te dise, Muriel, j'en ai marre, tu entends, ras-le-bol de tes petits airs supérieurs, de tes jugements à l'emporte-pièce, de tes humeurs, de tes maladies bidon et de tes principes à la con, qu'il s'agisse de Jérémie ou d'une 5e D. Ras-le-bol ! Allez, bonsoir, je vais coucher sur le canapé.

Du coup, elle repart en courant et claque la porte de leur chambre frémissante de fureur impuissante : Ça par exemple ! Je m'abaisse, je me roule à ses pieds, je lui demande pardon... De quoi, d'ailleurs ?... J'avais raison, il n'y a pas un mot à retirer de ce que je lui ai dit dans la voiture... Et Monsieur se permet de m'envoyer péter... Ben, tu vas voir ce que tu vas voir, espèce de...

Ce qu'il verra ne sera pas pour lui déplaire, contrairement à ce qu'elle croit ! Vers 3-4 heures du matin, n'y tenant plus, agitée, incapable de trouver le sommeil — Qu'est-ce qu'il attend pour venir se réconcilier ? —, elle a entrouvert la porte, sûre de le trouver réveillé lui aussi, faisant les cent pas, hors de lui, et elle l'a vu étalé de tout son interminable long sur le dos, en train de ronfloter paisiblement, bouche entrouverte, et elle a paniqué : C'est bien ça, il s'en fout, il ne l'aime plus.

Qu'est-ce qu'elle va faire là, ma Muriel ? Ben, tiens, elle va obéir, toute fierté, toute rancœur abolies, au principe, le seul, l'éternel principe de l'amour-passion, celui des vases communicants. Il s'éloigne, elle accourt : Vincent ! Tu dors ?... Pousse-toi un peu que je puisse me... Vincent ! Réveille-toi !... Rien à faire ! Il s'est contenté de se tourner machinalement sur le côté et elle s'est lovée contre son dos, tendue, inquiète, attendant en vain qu'il lui rende la pareille et lui fasse signe dans son sommeil, leur signe, un petit coup de reins tendre et complice. Il a fallu qu'elle l'enlace, qu'elle le serre très fort dans ses bras, qu'elle insiste pour qu'il consente enfin à la rassurer. Sans grande conviction. Du bout des fesses.

Ça y est là, c'est Noël. Enfermés dans la cuisine depuis 5 heures de l'après-midi — On s'occupe de tout, mais ne venez pas nous emmerder avec vos conseils ! — Monette et Pépé Polo préparent le réveillon. Au menu, toujours le même chez les da Ponti férocement fidèles aux traditions familiales : foie gras fait maison. Oie farcie aux fruits. Purée de marrons. Confiture d'airelles. Treize desserts. Et à la demande expresse de Monette, elle est terriblement gourmande, bûche glacée.

— Tenez, Monette... Permettez que je vous appelle par votre prénong... tenez, ma belle, goûtez-moi umm peu ça... C'est pas un nectarrre, cette sôsse putaing cong ?

Ils s'entendent à merveille, ces deux-là. D'autant mieux que ne s'étant pas revus depuis le mariage de leurs enfants, ils se sont découverts il y a deux, trois jours seulement, de la façon la plus révélatrice qui soit : en vivant sous le même toit.

Il n'avait gardé aucun souvenir particulier de cette petite dame apprêtée, volubile, en tailleur de belle-mère sous un bibi à voilette. Au point de ne pas la reconnaître au cas où par la suite ils se seraient croisés dans la rue. Elle, si. Difficile de faire l'impasse sur cette haute silhouette maigre, noueuse, cette belle gueule bronzée, ce sourire conquérant, cette épaisse brosse de cheveux blancs et cet acceng ensoleillé. Ce qui n'avait pas empêché Monette de rigoler derrière son dos : Tu as vu un peu, Charlot, le beau-père de Muriel ? Il a l'air d'un emprunté, le pauvre, dans son costume croisé bleu marine... Ça lui va comme des manchettes à un lapin de garenne... À se demander s'il ne l'a pas loué.

Changement de décor et de costumes. Quand ils se sont revus à Valmoissan — Pépé Polo les attendait dans sa belle salle voûtée, devant un bon feu de bois —, Monette l'a trouvé irrésistible en pantalon et blouson en jean délavé assorti à la couleur de ses yeux. Et lui a été très agréablement surpris par cette jolie quinqua habillée sport, tweed et cachemire beige — elle fait drôlement jeune... Quel âge elle peut bien avoir ? — cette boule de vie, aux joues roses et pleines, des joues d'enfant, aux manières avenantes et au regard rieur, confiant, facilement déconcerté par une irrésistible naïveté qu'il s'amuse à provoquer comme on secoue une boule de laine devant un chaton de six semaines.

— Qu'est-ce que vous me racontez, Pépé Po... Non, Pépé, ça ne vous va pas, je préfère vous appeler Paolo... Vous avez été cuistot dans la marine marchande et vous êtes entré dans le bâtiment parce que vous aviez le mal de mer ? Pas dans vos casseroles quand même, le vomi ?... Vous en rajoutez, là ? Pour de vrai ? Ça, alors ! Mais c'est dégoûtant !

Le soir de Noël justement, ils étaient tous réunis

autour de la grande table de ferme dans la déban-
dade des bouteilles, de la vaisselle, des reliefs, des
chandelles, et Pépé Polo, il avait du mal à garder
son sérieux, essayait de faire croire à Monette
qu'une soucoupe volante s'était posée là au bout
du terrain l'été dernier et qu'il en avait vu sortir,
pas un petit homme vert, non, un être translucide
et longiligne, une espèce de... Enfin, Vinceng, tu
te souviens, nong ? Même que t'as appelé les genn-
darrmes et... Et Vincent va jouer le jeu, enchanté,
attendri, elle est trop mignonne, cette Monette :

— Absolument. Ils sont venus immédiatement
et ils n'en sont pas encore revenus !

— Je vous crois pas. Si c'était vrai, ils l'auraient
marqué dans *Le Parisien*... Je le lis tous les jours, je
l'aurais remarqué, pensez !

Et Charlotte, attrapant la balle au bond : Mais,
je l'ai vu moi, chérie... Absolument... C'était dans
un article de Jean-Claude Bourret, tu te souviens
pas ?

— Mais, non ! Une soucoupe ? Ça par exemple !

Alors Muriel, habituée à régner sans partage et
sur le cœur et sur la maison de son beau-père, aga-
cée par la place qu'y occupe à présent, en toute
innocence pourtant, sinon en toute ignorance,
une Monette parfaitement consciente, ravie de
l'effet qu'elle produit sur son hôte, et qui en
conséquence force un peu sur son côté nunuche,
alors Muriel, c'est plus fort qu'elle, là, encore, va
lui casser son coup : Ne fais pas l'idiote, maman, tu
vois très bien qu'ils te font marcher !

Touchée au vif, Monette pique un fard et baisse
le nez sur son assiette. Pépé Polo, lui, proteste. Ses
r grondent dans un roulement de tonnerre :

— Idiote, ta mère ? Non, mais tu te reng
compte un peu de ce que tu lui sorrres ? Naïve,
peut-être, connnfiante comme ung bébé. C'est ce
qui donne envie de la prrrotéger putaing cong.
Tout le monnnde ne peut pas en dire autang...
Allez, ne vous laissez pas ennntamer, ma Belle.
Reprrrenez donnque un verre de madirang. Toi
aussi, Vinceng... Et serrre Charlotte qu'elle puisse
trinquer aveque nous ôtres. Allez, buvong à la
santé d'une femmme adorrrable doublée d'un
corrrdong bleu. Rien de plus difficile à réussirrre
qu'une oie farrrcie aux frrruits. La vôtre, c'est un
beurrre, ma Belle. Encorrre meilleurrre que celle
de ma pôvre Emma, pas vrai, fistong ?

Non seulement, il acquiesce, Vincent, mais il en
rajoute. Il couvre sa belle-mère de fleurs : Jamais
l'oie familiale n'a eu ce moelleux, ce fondant !

Monette est trop fine mouche pour ne pas sentir ce que les épines cachées sous ces roses ont de
blessant pour Muriel. Une Muriel sur le banc des
accusés, exclue, montrée du doigt. Qui n'a pas
tardé à quitter la pièce pour se réfugier auprès de
son bébé : Je crois que je l'ai entendu pleurer.
Suivie des yeux par une Monette perplexe, vaguement inquiète : Que Paolo joue les preux cheva-
liers en volant à son secours, très bien, tant mieux,
mais Vincent ? Il n'a jamais paru remarquer, c'était
sans doute exprès, l'insolence de Muriel, sa façon
de rabrouer sa mère puis de couper court à ses
objections par un « Si je te dis ça, maman, c'est
pour ton bien ! » sans réplique. Alors pourquoi ce
changement d'attitude ?

Monette, Vincent l'aime bien et il adore son
père, mais de là à prendre leur parti contre sa

femme... Qu'est-ce qui ne va pas ? Il s'est passé
quelque chose, mais quoi ? Elles en ont parlé avec
Charlotte pas plus tard que la veille au soir dans le
grand lit à baldaquin de la chambre d'amis que
leur a réservée Paolo : Éteins, Charlot, tu veux,
c'est tellement chouette de bavarder dans le noir,
ça me rappelle le pensionnat... Tu as remarqué
pour Muriel et Vincent ? Ils ne sont plus comme
avant.

— Avant quoi ?

— Je ne sais pas, moi... Avant... Avant, ils n'arrê-
taient pas de se prendre la main, l'épaule, de se
caresser... Même que je trouvais ça un peu gênant,
je te l'ai dit cent fois. Un couple harmonieux,
comblé, n'a pas besoin d'étaler en public les signes
extérieurs d'une bonne entente physique. Et puis
là, depuis quelque temps, plus rien. On dirait
deux poissons rouges dans un bocal. Ils se croisent
sans s'effleurer, à peine s'ils restent assis ensemble
pendant plus de cinq minutes sur le même
canapé.

— Ben, ça devrait te rassurer, ça, maman. Ça
prouve qu'au lit, c'est enfin le pied. Mieux vaut
tard que... Tiens, à propos, qu'est-ce qui se passe
entre toi et Pépé Polo, on peut savoir, hein, espèce
de petite cachottière ?

Monette a éclaté de rire, un rire de jeune fille
et, à genoux dans le lit, jambes à l'air sous son
T-shirt, rouleaux sur la tête sous un foulard, elle a
jeté son oreiller à la figure d'une Charlotte hilare :
Ben, dis donc, on s'embêtait pas chez les sœurs !
Et tu flirtais avec qui à l'époque ? Avec le père
aumônier ou la mère supérieure ? Dire que si les

filles avaient eu le droit de faire leur bar-mitsva, tu te serais toquée d'un vieux rabbin à papillotes !

— Pourquoi vieux, d'abord ?

— Parce que Pépé Polo, tu sais quel âge il a ? Dix ans de plus que toi.

— Peut-être, mais il les fait pas.

— Servi sur canapé, peut-être. Sous couette, je demande à voir.

— Char-lot-te ! Retire ça tout de suite ! Retire ça où je te...

— Arrête ! Arrête, idiote, tu vas me me faire tomber du lit... Aïe... Au secours ! Daddyyyy !

Elle est vraiment bien dans ses baskets, Charlotte. Une bonne nature, riche, généreuse, rayonnante. La vitalité et la joie de vivre incarnées. Sur ce plan-là, elle tiendrait plutôt de sa mère, n'était le côté maso et tête en l'air de Monette trop encline à se laisser mener par le bout du cœur, à se mettre dans des situations sans autre issue que la déception, la rancœur et le besoin de compenser en se goinfrant d'un autre soufflé à la passion... Vite... Vite... Avant que ça ne retombe, là, encore. À se demander même si elle ne risque pas de torpiller, malgré elle, cette chance tardive d'un bonheur sans histoire, alors qu'elle n'aimait, elle n'aime encore que ça, les histoires : en faire, en avoir. Bref, se sentir exister !

L'histoire de son père, Charlotte, enfant, ne s'en lassait pas : Maman, tu me racontes comment tu as rencontré Daddy... Non, c'est pas ça, c'était pas sur le tournage de... Voi-là ! Alors, il s'est approché de toi et... Et Monette repassait inlassablement le premier épisode de ce *soap opera* qui n'en comporte hélas que trois ou quatre : le dîner chinois, la nuit d'amour avec un grand A, la petite graine et l'élégante, la princière silhouette de papa, parti sans retour, qui se découpe dans la brume sur le pont du ferry Dieppe-Southampton.

— Tu étais triste, dis, maman ?

— Un peu... Pas vraiment. Je te sentais bouger en moi et je n'étais plus seule. Sans compter qu'il y avait Muriel. On t'attendait toutes les deux. C'était génial.

Enfin, génial... Peut-être pas, mais beaucoup moins traumatisant que le retour de la clinique, en solitaire, avec une Muriel glapissante, violacée, les coliques du nouveau-né, dans une chambre de bonne au sixième sans ascenseur, meublée d'un buffet-table à langer, d'un chauffe-biberon, d'un divan et d'un téléphone désespérément muet.

Les premiers temps, quand elle sortait ne serait-ce qu'un quart d'heure, Monette, à peine rentrée, composait fébrilement le numéro des abonnés absents pour savoir si le père de sa gamine, un jeune loup de la politique, conseiller au cabinet d'un ministre centre droit à l'époque, était revenu sur sa décision de ne jamais la revoir de sa vie : Je t'ai toujours dit que j'avais déjà deux gamines et que je ne voulais pas d'un enfant né hors mariage. Si tu en as conclu que j'allais divorcer, c'est ton problème. Allez, tchao, ma vieille !

Et puis très vite, ce n'était pas le genre à se morfondre indéfiniment, toute à sa merveille de bébé, à ses ambitions de super-star et à sa liaison du moment, elle avait cessé d'y penser, sinon pour se féliciter d'en être débarrassée. Et voilà qu'un soir, Muriel allait sur ses trois ans, on sonne à la porte. Elle ouvre et qui elle voit ? Michel.

— Ça, alors ! Qu'est-ce que tu fais là ?

— Ben... J'étais curieux de savoir ce que c'était.

Non, parce que ma femme attend un bébé, une fille, encore une, alors, je me demandais si, par hasard, toi...

— Un garçon, moi ? De toi ? Mais tu sais pas les faire, mon pauvre ami. Tout juste bon à fabriquer des XX à la chaîne ! Bon, si c'est tout ce que tu as à me dire, je ne te retiens pas.

Et elle lui avait refermé la porte au nez, en se demandant ce qu'elle avait bien pu lui trouver, folle perdue qu'elle était, à ce moment-là, d'un bel amant tout neuf, un pédiatre rencontré au centre de santé qui venait de s'ouvrir dans son quartier. Une idylle destinée à tourner court, encore une. Et à la laisser sur le sable, petit poisson suffocant, dans l'attente de la nouvelle vague de houleuse passion qui la rendrait à son élément. Sur ces entrefaites, seconde tentative du père de Muriel. Ça tombait plutôt bien ce coup-là :

— Je ne te dérange pas ? J'ai vu de la lumière alors je suis monté, comme ça, pour rien, pour... La petite n'est pas encore couchée au moins ? Je peux entrer ? Allez, Monette, sois gentille, ne fais pas l'idiote... Si je suis là, si j'insiste, c'est bien la preuve que je regrette ce qui est arrivé, non ? Je ne resterai pas longtemps, promis... Allez, un bon mouvement ! Merci, chérie...

Après quoi, chaque fois qu'il se pointait, à intervalles très espacés, mais bon, réguliers, elle l'autorisait — de quel droit priver Muriel d'un semblant de père ? —, elle l'invitait même à prendre un verre, à jouer, puis, au fur et à mesure qu'elle grandissait, à parler avec la gamine. Pas longtemps, en effet. Trois petits quarts d'heure qu'il s'ingéniait parfois, pas souvent, à prolonger en incitant

Monette à lui raconter ses peines de cœur : Bien
sûr, qu'il va te rappeler, voyons, Monette. Tu n'as
jamais été plus séduisante... Si, si, je t'assure...
Même du temps où on sortait ensemble... Oh ! là !
là ! Mais, c'est fou ce que tu as grandi, Muriel !...
Tu vas avoir quoi, là, 5 ou 6 ans ? Et à l'école, ça
va ?... Viens, ma puce, viens voir ce qu'il t'a
apporté ton tonton Michel.

La petite qui savait très bien à quoi s'en tenir,
Monette lui avait dit ce qu'il en était avant même
qu'elle soit en âge de le comprendre, revenant
souvent sur le sujet sans susciter d'ailleurs la
moindre réaction, l'ombre d'un intérêt, la petite
s'approchait, hautaine, indifférente, et répondait
du bout des lèvres aux questions stupides de ce
raseur, en prenant garde simplement de ne l'appeler ni papa — risqué ! — ni tonton — ridicule !
Questions destinées à marquer d'une rugueuse
pierre grise les années clés de sa jeune existence :

— Alors, ta maman va te donner une petite
sœur ?... À mon avis, c'est de la folie, mais bon... Tu
vas pouvoir jouer à la poupée... Tu es contente ?

— Tiens, voilà ma pleureuse tout de noir
vêtue... Tu peux m'expliquer pourquoi les jeunes
sont tous en grand deuil, là, maintenant ? Enfin,
dans certains milieux...

— Monette, tu n'as pas dit à ta fille que j'ai été
élu vice-président du conseil général ? Si ? Et c'est
tout l'effet que ça te fait, Muriel ? Charmant !

— Tu as vu sur quel ton tu as parlé à ta mère ?
Va lui demander pardon... Non ? Belle éducation...
Bravo, Monette ! Je suis heureux de voir à quel
point ta fille te respecte. Évidemment, le respect,
c'est comme l'amour, ça ne se commande pas...

Pourquoi tu me foudroies des yeux, Muriel ? Qu'est-ce que j'ai encore dit ? Bon, ben, faut que j'y aille... À un de ces jours.

— Montre-toi de profil... Pas mal, ce nez... Un peu petit, non ? Ça, il n'y pas à dire, ça te change. Moi, qui avais fini par m'habituer à l'ancien, va falloir que je... Franchement, je t'aimais mieux avant. Tu avais de la gueule, là, au moins. Tu...

— Ta mère m'a dit pour ta mention très bien au bac. Ça mérite récompense. J'ai fait un virement à ton compte-chèques postal. Je ne te demande pas de me sauter au cou, mais tu pourrais quand même te fendre d'un petit merci, non ?

— Merci.

— Merci, qui ?

— Merci, monsieur Michel.

Et puis un beau jour, en l'absence de sa mère, c'est Muriel, elle allait se marier bientôt, qui y est allée de sa question. Elle a sorti d'une pile de magazines un numéro de *Match* avec la photo de Mazarine en couverture, le lui a mis sous le nez et lui a demandé froidement : Vous voyez qui c'est ? La fille adultérine de Mitterrand. On ne parle que d'elle en ce moment. Il l'a reconnue, mais est-ce qu'il lui a donné son nom ? Ça, personne ne le mentionne. Vous ne pourriez pas vous renseigner ? Je serais curieuse de le savoir.

— Ça veut dire quoi, ça ? Tu trouves que j'aurais dû...

— Sûrement pas ! Votre nom, vous pouvez vous le mettre où je pense. Le porter ? Manquerait plus que ça ! Ce serait la honte. Je suis fière de m'appeler Muriel Falguière. Fière au point de ne pas vouloir prendre le nom de Vincent. Fière, très fière de ma mère, même si je la rudoie un peu parfois. Qui aime bien châtie bien. Je voudrais simplement savoir de quel droit vous venez vous mêler de nos affaires. Pas souvent d'accord, mais trop souvent au regard de la loi. Vous n'êtes rien pour moi... Vous... Ah ! te voilà, maman ! Bon, ben je vous laisse. Vincent m'attend pour aller voir le film de Woody Allen. Au revoir, monsieur.

— Ah ! non, Muriel tu ne peux pas te sauver comme ça, sans avoir vidé ton sac. Tiens, passe me prendre demain à une heure à cette adresse-là. On ira déjeuner et quand tu auras fini ton réquisitoire, j'essaierai de plaider ma propre cause. Je n'espère pas obtenir l'acquittement, je ne suis pas complètement inconscient. Je vise uniquement les circonstances atténuantes.

Si elle est allée à ce rendez-vous en forme de convocation ? Ce serait mal la connaître. Encouragée par une Monette pas mécontente, au fond, de cette vengeance à retardement et par un Vincent monté à bloc contre ce minable, ce pourri, cet emblème de la droite la plus réac, Muriel s'est contentée de lui envoyer un petit mot très sec en le priant de ne plus jamais remettre les pieds chez sa mère. Inutile de leur écrire, elles n'ouvriraient pas ses lettres. Non, mais !

Il s'est piqué au jeu, du coup. D'autant plus facilement qu'au bout de trente ans d'un mariage de routine d'abord, de façade ensuite, il se retrouvait, comme un con, avec une vieille épouse hors d'usage à une époque où seuls les prêtres défroqués reculent encore devant le divorce. Côté passades sans lendemain, fonction d'une cote à la baisse, au sortir d'un meeting ou d'un banquet avec des attachées de presse, des journalistes, les occasions se faisaient de plus en plus rares et comme, de toute façon, il n'avait jamais été très porté sur la chose, il ne se donnait même plus la peine de les susciter.

Muriel, on verrait ça plus tard. Fallait attendre qu'elle se calme. Pas question, en revanche, de perdre le contact avec Monette. Une Monette à court de soupirants, là, maintenant, qui ne s'est pas fait beaucoup prier pour accepter de le voir en cachette. En cachette de son aînée partie vivre avec Vincent entre-temps et de sa cadette, trop spontanée, trop franche du collier pour tenir sa langue.

Il l'invitait à déjeuner dans de bons petits bistros et lui parlait de cet enfant qu'il lui avait fait, cet enfant qu'il désirait, là, maintenant, et qu'elle lui refusait, s'amusant à lui tenir la dragée haute :

— Tiens, je t'ai apporté des photos du mariage. Ils sont beaux, non, là, tous les deux ?... Là ? Ben, c'est moi, tu ne me reconnais pas ?... Oui, d'accord, ça me va bien, le parme, mais de là à me comparer à Claudia Cardinale... Arrête ton char, tu veux, Michel... Te les laisser ? Qu'est-ce que tu en ferais ? Tu veux les encadrer et les poser sur la cheminée de ton salon, c'est ça ?

Et plus tard :

— Tiens, je t'ai apporté une photo de Jérémie... Prise à la maternité. Il a beaucoup changé depuis, forcément, il va avoir un mois... Te la laisser ? Non, je regrette, je n'en ai pas d'autres... Le landau ? On a dû le lui livrer, je l'ai vu en bas de l'escalier en allant chez eux l'autre jour... Oui, bien sûr, j'aurais pu lui demander d'où ça venait... Mais, bon, ça c'est ton problème. Pas question que je m'en mêle.

À leur dernière rencontre, toute récente, c'était juste avant Noël, Monette avait eu nettement l'impression qu'il lui suffirait d'un geste, une main posée sur la sienne, d'un mot tendre — Tu disais, chéri —, pour qu'il lui propose de remettre le couvert et de finir leur vie ensemble. Vrai ? Faux ? Elle n'allait pas tarder à le savoir.

Elle a raison, Monette. Vincent n'est pas dans son assiette. Lui qui n'aime rien tant que ces vacances dans la grande maison familiale de Valmoissan, il a l'air de s'ennuyer à cent sous de l'heure. Se montre ou impatient ou indifférent. Ou trop enjoué, au contraire. D'une gaieté factice et de courte durée. La raison ? Cherchez pas : il est en train de cristalliser, dans le sens où l'entendait Stendhal. Électrifiée par le courant-force qui passe sous son nez entre son père et Monette, attisée par la séparation due à ces interminables vacances de Noël, son attirance pour Ségolène tourne au béguin.

Il la sait à Courchevel avec des copains et il se retient à quatre pour ne pas l'appeler. Ce serait trop s'avancer. Il n'a d'ailleurs pas pensé à lui demander le numéro de téléphone de son hôtel et le voilà qui se surprend à entrer dans une cabine pour le demander aux renseignements. Puis à le composer dans la foulée. Puis à raccrocher... Arrête !... Où tu vas là ? Puis à recommencer le lendemain pour s'entendre dire qu'elle est sortie. Y a-t-il un message ? Non, non, ça ne fait rien.

Le soir même, les autres montent se coucher,

lui, n'y tenant plus, s'attarde au salon — Je vais bouquiner un peu, j'ai pas sommeil —, laisse passer une demi-heure, sort dans le jardin pour voir si Muriel a éteint, non pas encore, ressort dix minutes plus tard — oui, enfin ! —, revient, décroche le combiné, tape les dix chiffres, horriblement gêné, laisse sonner et tombe sur le veilleur de nuit : Quoi ? Ségolène comment ? Vous avez le numéro de la chambre ? Non ? Quittez pas... Je vais voir...

Là-dessus, Paolo qui n'arrive pas à s'endormir descend dans la cuisine prendre un verre de lait, un truc que lui a donné Monette, remarque la lumière filtrant sous la porte du living, l'ouvre, entre sans bruit, va pour appuyer sur l'interrupteur, et se fige à la vue de son fils en train de se dandiner d'un pied sur l'autre devant le téléphone et de susurrer dans un murmure un « moi aussi » plutôt révélateur vu l'heure. Vincent aperçoit soudain sa statue du commandeur de père en pyjama et d'instinct lui tourne le dos tout en prenant congé sur un ton faussement désinvolte : Bon, ben, tchao, salut, on se rappelle. Il raccroche et s'apprête à confronter son père avec un petit sourire faussement dégagé.

Peine perdue. Paolo est reparti comme il est venu. Il ne lui dira rien. Mais n'en pense pas moins. Le lendemain, après avoir fait leurs courses au bourg, lui et Monette vont prendre un petit blanc de pays au comptoir du bistro place du marché comme d'habitude — eh oui, une habitude, déjà ! —, leurs paniers, leurs cabas posés par terre, Jérémie dans les bras. Et là, sans la regarder, en faisant tourner son verre entre ses gros doigts : Faut

que je vous côse, ma Belle... Elle m'a l'aire ung
peu tristoune, Muriel-le... Qu'est-ce qu'il fricote, le
Vinceng, vous avez une idée ?

Monette lève vers lui des yeux émerveillés par
tant de perspicacité, les yeux de Nancy Reagan
pour son Ronnie et puis les baisse, soudain
inquiète : Non... pourquoi vous me demandez ça ?
Du coup, Paolo lui raconte la scène de la veille : il
a raccroché vite fait, bougre de cong ! Manquerait
plus qu'ils se séparent au momeng où nous, on... Il
vide son verre, d'un geste colère et ramasse le
gamin qu'il a assis sur le zinc : Allez, vieng, mong
bébé, vieng aveque tong pépé et ta mamy, pôvre
Pitchoune !

Quand Vincent lui a raccroché au nez, après l'avoir réveillée à Courchevel, Ségolène a bondi de son lit folle de fureur : Ah, ce culot ! En voilà des façons de traiter les gens... « Allez, tchao, salut, dégage ! »... Je ne lui ai rien demandé, moi. Non, mais qu'est-ce qu'il croit ? Que je suis restée enfermée dans ma chambre à attendre son coup de téléphone pendant toutes mes vacances et que je dois m'estimer heureuse de l'avoir eu au bout du fil pendant trente secondes... Au fait, comment il a eu le numéro ? Il a dû appeler les renseignements... Il aurait pu me le demander... Mais ça, non, ça ne l'a même pas effleuré... Alors, qu'est-ce qui lui prend ? N'empêche, me téléphoner comme ça au milieu de la nuit c'est quand même un signe de... D'attachement... La preuve qu'il est en manque, lui aussi...

Et la voilà qui retombe de tout son long sur son lit sous le coup de l'émotion. Et qui se redresse à nouveau piquée au vif : « Allez, tchao, salut, on se rappelle. » Sa bonne femme a dû le surprendre, c'est ça ! ON se rappelle, non, mais qu'est-ce qu'il croit ? Que je vais me jeter sur mon téléphone dès demain matin pour le relancer, ce sale con ?

Résultat des courses le jour de la rentrée, un jeudi matin, Muriel ne fait pas classe, Vincent — il a attendu en vain que Ségolène vienne prendre un café dans la salle des profs — fonce dans son bureau à l'heure de la récré. Trouve porte close. Va au secrétariat pour demander si on l'a vue... Oui, elle est venue et elle est repartie sans dire où elle allait... Et passe le reste de la journée à la guetter. Personne. Il appelle chez elle d'une cabine avant de rentrer en fin d'après-midi et tombe sur un répondeur qui lui suggère, de la façon la plus engageante, de laisser son numéro afin qu'elle puisse le rappeler dès son retour. Pas la peine. Le voudrait-elle qu'elle ne le ferait probablement pas, because Muriel.

Vincent remonte ses quatre étages, d'une humeur de dogue, répond par un « Qui veux-tu que ce soit ? » râleur au « C'est toi ? » enjoué de sa femme et va s'enfermer dans la cuisine sous prétexte de préparer le dîner. Jérémie, il commence à ramper, le suit en couinant. Et se met à hurler quand sa mère l'attrape pour lui donner son bain.

Alors, Vincent : Tu vas te taire, oui ?

Et Muriel : S'il pleure, c'est parce qu'il veut être avec toi. C'est plutôt gentil, non ?

— C'est casse-pieds, oui !

— Enfin, Vincent, qu'est-ce que tu as ?

— Moi ? Rien ! Qu'est-ce que tu veux que j'aie ? Pourquoi tu me demandes ça ? Tu me cherches ou quoi ? Ben, tu ne me trouveras pas. Je vais me coucher, j'ai pas faim.

Muriel laisse filer : Monsieur a ses règles. Ça lui passera avant que ça ne me revienne. Jérémie couché, elle va en profiter pour travailler. Ce qu'elle n'a pas pu faire de la journée faute de pouvoir confier son bébé à une Monette débordée : Désolée, ma puce, je vais courir les magasins. Paolo doit monter à Paris à la fin de la semaine et j'ai plus rien à me mettre. Muriel se plonge dans ses bouquins sans prendre le temps de dîner et ne relève la tête que deux heures plus tard : Tiens, le téléphone ! À peine a-t-elle eu le temps d'aller répondre que Vincent a jailli de la chambre en T-shirt et en caleçon :

— C'est qui ?

— C'est personne. On m'a raccroché au nez.

Alors, lui, avec un large sourire réjoui : Pas possible ! Tu sais quoi ? J'ai la dalle. Viens, on va manger un morceau.

Et elle, avec un petit sourire narquois : Sûrement une erreur. Tu sais quoi ? Tes caprices, en ce moment, j'ai pas le créneau pour ça. Alors, va te faire cuire un œuf...

Le lendemain, quittant Fourneron avant lui, elle a pris la bagnole et il est rentré en train. Tard. Très tard. Très gai. Très excité. Très attentionné :

— Alors, on ne veut pas aller se coucher, hein, mon bébé ? Allez, au dodo ! Lâche un peu ta maman, tu veux, elle a du travail. Laisse, mon cœur, je m'en occupe... Ah ! Je t'ai pas dit... Ségolène et Didier ont un projet... Une classe de neige début mars pour les 4ᵉ Techno dans les Pyrénées... Et comme moi, le ski, c'est mon truc... ils tiennent beaucoup à ce que je... Allons, allons, bonhomme, si tu gigotes comme ça, jamais je pourrai te l'enfiler, ce pyjama... Mais, bon, je ne suis pas très chaud... Remarque, c'est pas pour demain... On a le temps d'y penser... Pas vrai, fiston !

— Vous savez ce qu'ils ont fait, VOS élèves, ils m'ont volé mon sac !

— Allons, allons, madame Falguière. Pas de panique ! Est-ce que vous en êtes sûre, d'abord ? Vous l'avez peut-être oublié dans les toilettes ou ailleurs et quelqu'un l'aura trouvé.

Ça, c'est pas mal ! Il se fout du monde, le principal, ou quoi ? Si Muriel a fait irruption dans son bureau, hors d'elle, ça ne lui était encore jamais arrivé, c'est bien parce que après l'avoir cherché partout, son sac, elle a bien dû se rendre à l'évidence... Quelqu'un l'avait trouvé en effet. Trouvé et embarqué. En lui dérobant tout ce qu'elle possédait. En la laissant crue et nue.

Ça n'est pas son sac qu'elle porte en bandoulière, Muriel, c'est sa maison. Elle y range bien soigneusement dans des sacoches séparées, de tailles et de couleurs différentes, tout ce dont elle peut avoir besoin au cours de la journée. Une journée destinée à se prolonger tard le soir chaque fois qu'elle laisse Jérémie chez sa mère. Dans une pochette rouge, ses papiers, ses cartes de crédit, son carnet de chèques, son portefeuille, son carnet d'adresses, et son gri-gri, une petite chouette en argent massif, un cadeau de Vincent. Dans une bourse ronde, ses trousseaux de clés. Elle en a quatre : celles de la bagnole. Celles de sa classe et de son casier. Celles de son appart. Celles de celui de sa mère. Dans une trousse de toilette, un blush, un tube de crème Nivéa pour les mains, une brosse à cheveux, une boîte à pilules, une autre à sucrettes, des Tampax et un petit vapo ouvragé, encore un cadeau.

Elle ne s'était aperçue de rien, et puis à la fin de son dernier cours, inquiète, pressée de rentrer, Jérémie fait une énorme poussée de fièvre et Monette, désinvolte, attribue ça aux dents, Vincent, parti — ben, tiens ! — en classe de neige — frime sur les pistes d'Argelès-Gazost avec Ségolène, elle tâtonne d'un geste machinal sous sa table, à la recherche de son sac, dans le brouhaha de la sortie. Et ne rencontre que son cartable. Elle baisse la tête, y regarde de plus près. Rien. Enfin, c'est pas possible ! Elle se redresse vite fait, pas question de lâcher ces sauvages des yeux, trop dangereux. Elle attend, impatiente, qu'ils soient tous sortis, referme la porte derrière eux, se met à quatre pattes et... Toujours rien. Elle arpente la classe enfin vide, regarde sous les chaises, contre les murs. Ils ont peut-être voulu lui faire une farce et le cacher... Non, rien de rien... Qu'est-ce qui s'est passé ? Où a-t-elle bien pu le laisser ? Ah ! l'angoisse ! Elle en a le souffle coupé.

Allons, allons, ne t'affole pas... Essaie de te rappeler... Est-ce que tu l'avais avec toi en salle des profs à la récré ou est-ce que tu l'as laissé ici ? Réfléchis, tu avais envie d'un café. Pas une raison pour trimballer ton sac, suffisait d'emmener ton porte-monnaie...

Réfléchir, tu parles ! Elle en est incapable. Elle fonce à la salle des profs. Va pour clamer haut et fort qu'on lui a piqué son sac. Se ravise : ça n'est pas une accusation à porter à la légère dans ce collège-sacristie devant ces disciples de Rousseau convaincus de la vertu originelle du petit de l'homme. Se contente de demander, faussement désinvolte, si, par hasard, elle n'aurait pas laissé traîner son... Se heurte au regard surpris des collègues : laisser traîner son sac ? Pas pensable ! Eux n'ont rien vu en tout cas !

Elle bat en retraite, va jeter un œil dans les toilettes des profs, désespérément vides, celles des élèves pareil, galope dans les étages, tentée de faire irruption dans toutes les classes pour hurler au vol, trouve ou porte close ou salle pleine, recule devant le scandale et, la mort dans l'âme, retourne dans la sienne. L'a-t-elle seulement fermée à clé, pendant la récré ? Sûrement, oui. Bien en évidence sur la table, son trousseau témoigne pourtant du contraire. Elle repart en courant sans trop savoir où aller, une poule à qui l'on a coupé la tête, se précipite chez la gardienne... Au CDI... À la cantine... Au secrétariat... À l'infirmerie... Non, personne n'a rien vu. Rien rapporté non plus... Il était comment ? Un grand sac, genre besace, en vachette noire façon lézard... Si jamais on entend parler de quelque chose, on vous le dira, mais, bon, il y a peu de chances... Il y avait de l'argent dedans ?

— Vous aviez de l'argent liquide ?

Le principal lui pose la question, toujours la même, lui aussi. Elle le regarde sans le voir, aveuglée, submergée soudain par le ressentiment et la colère. Elle balbutie :

— Oui... Non... Enfin, si, un peu plus de 200 F,

mais il y avait tout le reste... Ma carte bleue...
Opposition ? Oui, évidemment... Et les clés et les
papiers de la voiture... Faut que je rentre, mon
bébé est malade... Enfin, c'est quand même un
peu raide, si on ne peut même plus laisser son sac
dans sa propre classe fermée à clé...

— En êtes-vous bien sûre ?

Elle quitte la pièce sans répondre. Elle repique
un sprint chez la gardienne, une brave femme,
rondouillarde et placide, une grosse bouée de sauvetage dans le tohu-bohu de ce bahut en perpé-
tuelle efferverscence.

— Alors, madame Falguière, ce sac ? Tiens, j'y
pense, vous l'aviez, à l'heure du déjeuner quand
vous êtes venue téléphoner au pédiatre... Même
que vous avez failli oublier votre carnet d'adresses
sur le bureau.

— Ben, justement, j'ai dû le remettre dans mon
sac à ce moment-là et...

— Oui, mais vous l'avez rappelé plusieurs fois,
souvenez-vous, c'était toujours occupé. Et vous êtes
repartie en courant au moins cinq minutes après
la sonnerie sans avoir pu le joindre. Alors pour
peu que vous l'ayez oublié là, votre sac, faut pas
vous étonner si...

— Mais vous l'auriez remarqué, à ce moment-
là, madame Martin !

— Vous plaisantez ou quoi ? Avec tout ce qui
défile dans cette loge, les élèves, les surveillants, les
profs, toutes les allées et venues. Tous les coups de
fil, les... Qu'est-ce que tu veux, mon grand ? Ta
copine ? Je te l'aurais passée dans le bureau des
surveillants, voyons, si elle avait appelé... À propos,
vous n'auriez pas vu traîner un sac dans la cour,

par hasard... Non, pas celui d'un gamin, celui de...
Comment il était déjà, madame Falguière, des fois
qu'on... Ça, alors... Où elle a bien pu passer, elle
était là à l'instant...

Elle n'y est plus. Elle est plantée devant la porte
de sa classe, sa clé à la main. Une clé inutile. Dans
son désarroi, elle avait laissé la porte ouverte... Elle
en a peut-être fait autant pendant la récré, sait-on
jamais ! Anéantie, elle ramasse son cartable,
décroche son imper — eux l'attendent bien sagement, personne n'en a voulu — et repart, à pas
lents, bras et jambes coupés quand surgit, au détour
d'un couloir, M. Rondeau, son pardessus sur le dos :

— Ah, vous voilà, madame Falguière, je vous
cherchais... Ils m'ont dit à l'administration...
Quelle sale histoire ! Écoutez voir, je rentre sur
Paris, alors, si vous voulez, on passe au commissa-
riat pour faire votre déposition et ensuite je vous
ramène...

Elle acquiesce d'un hochement de tête et le suit,
les yeux baissés, accablée. Arrivés au parking des
profs, ils passent devant sa petite Fiat Uno.

— Ça, par exemple ! Regardez, madame
Falguière ! Mais regardez donc ! C'est pas votre
sac, là, contre la roue arrière ?

Elle se précipite — Ah ! Mon Dieu, merci ! —,
le ramasse, ivre de joie et, avant même de l'ouvrir,
sait à quoi s'en tenir : il est tout plat, tout léger.
Entièrement vide. Sauf pour ses clés de voiture.

Ça, pour une gifle ! Elle se raidit sous l'affront,
passe devant M. Rondeau sans un mot, ouvre sa
portière et se retourne vers lui, les yeux remplis de
larmes : elles sont là, ses affaires, empilées sur le
siège avant. Et scotchée au volant une feuille de

papier écolier avec ces deux mots écrits en lettres majuscules suivis d'un énorme point d'interrogation : MESSAGE REÇU ?

Elle reste plantée là, sidérée. Alors, M. Rondeau : Vérifiez quand même, mais je suis sûr que... Bon, ça l'argent liquide, normal... Tout le reste y est n'est-ce pas ?

Et voyant qu'elle ne l'entend pas, il ramasse la feuille, la plie en quatre et la met dans sa poche. Ça peut toujours servir...

— Bizarre ! Je ne comprends pas à quoi ça rime ? Une mauvaise farce sans doute. Enfin, l'important, c'est que vous l'ayez retrouvé, votre sac, pas vrai ? Moi, à votre place, je ne donnerais pas suite. Ça ne ferait qu'envenimer... Bon, ben, rentrez tranquille. Pas de souci. Je vais retourner leur dire que tout est — presque ! — bien qui finit...

Qui finit mal. Mal. Mal. Mal. On lui veut du mal et Muriel ça lui fait mal. Très mal. Et ce qui lui fait plus mal encore que la menace contenue dans ces deux mots vengeurs, c'est la façon dont Rondeau a choisi de la minimiser. Comme si c'était un service qu'il lui rendait. Elle démarre en tirant trop fort sur le starter, le moteur cale et... Et il est là, il est revenu sur ses pas. Il se penche par la vitre ouverte et lui murmure : Je ne voulais pas vous laisser partir sans être sûr que vous étiez consolée. Tout ira bien, vous verrez... Allez, un petit sourire... Allez, quoi... Bon tant pis... À demain. Et en pleine forme, hein ! Ils vous mangeront dans la main, ces vauriens, vous verrez, trop contents de s'en être tirés à si bon compte. Après quoi suffira de savoir les prendre pour... Ah, vous souriez, là ! J'aime mieux ça ! Allez, tchao !

Il faudrait peut-être que je vous dise où ils en sont, Ségolène et Vincent. Eh bien, c'est selon. Selon lui, ils sont allés trop loin. Selon elle, pas assez. Lui n'a pas retrouvé, à son retour, la griserie de leur secrète lune de miel sur les pistes de la classe de neige dans les Pyrénées et, la nuit venue, les élèves enfin couchés, devant la faiblarde flambée chichement allumée dans la minuscule salle commune de l'auberge de jeunesse. Griserie, le mot est d'ailleurs un peu fort. Il est infiniment moins attiré physiquement par cette grande fille sportive et musclée qu'il ne l'était — ce sont des choses qui ne se commandent pas — par le côté chaton fragile et gracieux de sa miniature de femme. Il lui suffisait de la regarder nouer son chignon, bras levés autour d'une nuque longue et mince, à l'image de son corps d'adolescente, pour oublier, ému, chaviré, leurs corrosives querelles, leurs épuisantes différences d'opinion, de sensibilité comme on dit aujourd'hui.

Avec Ségolène, c'est le contraire. Il se sent si bien accordé à elle sur ce plan-là, si complice, si détendu, qu'il a été tout naturellement amené à répondre par de l'amour-amitié à ce qui s'est vite transformé pour elle en amour-passion. Et bon, ça fait une sacrée différence, ça aussi, source de conflits, là encore. Il a beau se sentir gêné aux entournures de sa vie de famille, il ne tient pas tellement à la foutre en l'air. Monette et Paolo le regardent de travers, ils doivent se douter de quelque chose. En revanche, Muriel n'a jamais été plus coulante, plus facile à vivre. Un peu distante. Pas trop. Juste ce qu'il faut et pour lui permettre de la tromper et pour lui interdire de la quitter sans remords.

De son côté, Ségolène supporte de plus en plus mal une situation dont la navrante banalité l'exaspère et l'humilie tout en fouettant son désir — ça tourne à l'obsession — d'obliger Vincent à sortir de la clandestinité.

— Alors, Vincent, tu vas te décider, oui ? Où est le problème, on peut savoir ?

— Écoute, on ne va pas remettre ça. La barbe à la fin ! Non, c'est vrai, j'arrive chez toi, les bras chargés de fleurs, de pizza, de chianti, de... Et tu me prends la tête au lieu de me... Allez, viens m'aider à ranger tout ça et arrête de faire la gueule... Allez, quoi !... Marrant, toi, si gaie, si allante, si solide avant, tu es toujours à te plaindre, là, maintenant.

— Tu m'étonnes ! Tu en connais beaucoup, toi, des filles de mon âge qui se contenteraient de jouer les back-street ? D'ailleurs, je ne te demande pas de quitter ta femme. Je te demande d'avoir le courage de lui dire pour toi et moi.

Pas la peine, elle le sait, Muriel. C'est Didier qui le lui a appris. Sans le vouloir. Un jour, croyant appeler Ségolène, il a composé son numéro à elle et la prenant pour l'autre :

— Allô, Ségo ? Dis voir, qu'est-ce que vous faites toi et Vincent pour le pont de l'Ascension ? Tu crois qu'il va réussir à se libérer machin ? Non, parce qu'on aurait pu aller à Belle-Ile chez les parents de ma femme... Allô !... Allô, t'es là ?

Muriel a posé le combiné distraitement sur le bras du canapé : Ben, voilà, tout s'éclaire, tout s'emboîte, à la façon d'un puzzle : ses absences, ses retards, ses humeurs... C'est avec elle, avec Ségolène, qu'il est ce soir... Remarquez, elle s'en doutait un peu. Apaisée soudain, insensibilisée plutôt, par le choc de la certitude — rien n'est pire que le doute, le soupçon, ça vous dévaste, ça vous détruit —, elle se lève et va se planter devant la fenêtre obscure, il fait déjà nuit, le regard fixe, attentive à sa petite voix intérieure : Ça n'est pas le moment de te laisser aller, ma grande. Il faut que tu te rassembles, au contraire, que tu te mobilises, que tu t'interroges. Qu'est-ce que tu préfères ? Le larguer ou le garder ? Le larguer, pas facile, ça va t'arracher les tripes. Le garder, pas impossible. Question d'intelligence et de volonté. Et la dignité, bordel ? Tu ne vas tout de même pas t'accrocher à une ordure pareille. Oui, mais si je le jette, je vais le regretter toute ma vie et bon...

Alors tu te décides, Muriel ? Non, parce qu'il faut que je sache quelle attitude te faire adopter quand il rentrera. Au choix :

Agressive : C'est à cette heure-ci que tu rentres ? On peut savoir d'où tu viens ?

Attentionnée : Tu dois être crevé, mon pauvre

chéri. J'ai sorti ton pyjama et j'ai étalé la pâte sur ta brosse à dents. T'as plus qu'à les laver.

Lascive : C'est fou ce que j'ai envie de toi. Viens, viens, dépêche-toi.

Faussement indifférente : C'est toi ? Tu ne me réveilles pas, d'accord ? Je dors.

Bon, alors, comment elle va la lui jouer ? À la décontracte. Un petit somnifère suivi d'un gros dodo. Et le lendemain matin au réveil : Ah, t'es là ? Je ne t'ai pas entendu rentrer... Ouais, ben, tu me raconteras ça une autre fois, là, j'ai pas le temps, il est 7 heures passées.

Deux jours après l'affaire du sac, Samir va venir trouver Muriel à la fin de son cours. Qui ça, Samir ? Je ne vous l'ai pas encore présenté ? Où avais-je la tête ? C'est son... Comment dire ?... Son ennemi intime à Muriel. C'est un grand bel ado de 17 ans bientôt. Jolie petite bouille. Corps d'athlète. Il pète de santé. D'une vitalité montée sur ressort. Un peu meneur sur les bords. Et d'une insolence mi-condescendante mi-goguenarde doublée d'une curieuse sollicitude.

Ça fait des mois qu'il la cherche, Muriel. Sans la trouver. Sauf en rêve éveillé. Là, il la trouve sans la chercher au creux de ses paumes, au bout de son sexe. Elle le hante, elle le titille, elle le domine, elle l'excite, elle le vide, elle le ranime. Quand il pense à ça et il ne pense qu'à ça, c'est à elle qu'il pense. Occupé, préoccupé d'elle : uniquement. Il la veut et il lui en veut : terriblement.

D'où le coup du sac. C'est lui qui en a eu l'idée tout en exigeant des copains qu'ils le lui rendent. Et c'est eux qui l'ont forcé à écrire ce mot à l'encre, pas avec une goutte de son sang, comme il en avait l'intention. Et voyant qu'elle ne réagit pas, sinon en se montrant encore plus tendue, encore plus stridente que d'habitude, il s'est approché d'elle au lieu de sortir en trombe dès le début de la sonnerie, curieux de savoir pourquoi.

— Alors, le message, vous l'avez reçu ?

— Ah ! Parce que c'est vous qui... Eh bien, bravo ! Félicitations ! Quel message, d'abord ? Ça voulait dire quoi, ce vol, doublé d'une sinistre farce ?

— Ça voulait dire que c'est nul, votre façon de distribuer des punitions collectives, qu'on en a ras le bol de payer pour les autres et que si ça continue...

— Attendez ! Et c'est moi qui devrais payer pour une bande de lâches, d'égoïstes, de minables totalement indifférents au sort des autres ? Il n'y en a jamais un pour se dénoncer, pour avoir le courage de ses actes. Et la nulle, c'est moi ! C'est moi la coupable ? Non, mais vous vous foutez de moi ?

— Ça, c'est un peu fort ! Je m'abaisse à venir vous demander si vous avez bien compris le... Et vous me traitez ! Comment ils font, alors, les autres profs, vous pouvez me dire ? Ils nous connaissent, ils nous respectent, ils savent très bien qui c'est qui... Mais vous, rien... Personne... Vous n'avez aucun respect pour vos élèves... Vous ne pouvez pas nous sentir... À peine si vous savez comment je m'appelle !

— Vous voulez peut-être que je passe au tableau pour y inscrire votre nom et ce que je pense de vous ?

— Chiche !

Ivre de colère, Muriel se tourne vers le tableau et trace d'une craie vengeresse quatre mots assas-

sins inspirés d'un récent fait divers : Samir m'a
voler ! Elle fait demi-tour, croise le regard interdit,
plein de dépit outragé du garçon et, dégrisée soudain, y devine une demande, un criant appel
d'offre. Elle pique un fard, repose la craie, attrape
son chiffon, efface le dernier mot et le remplace
par aidée : Samir m'a aidée.

Alors lui, tout sourire : Avec un *r*, aider,
m'dame... Allez, à plus !

Vous vous souvenez des rendez-vous clandestins qu'aimaient se donner Michel et Monette pour parler de leur fille, de ces tête-à-tête pas très clairs, pas très nets de son côté à lui. Au point qu'elle se demandait si Muriel n'était plus qu'un prétexte à leurs rencontres. Et puis, bon, après les fêtes de Noël, toute à ses nouvelles amours avec son beau Paolo, Monette n'aura plus tellement de créneau pour son ex comme elle dit en parlant de lui. Et elle l'envoie péter bien gentiment chaque fois qu'il l'appelle. Jusqu'au jour où il lui annonce, tout content, tout excité que Muriel lui a téléphoné. À quel sujet ? Aucune idée. Ils doivent se voir le surlendemain pour déjeuner : On pourrait prendre un verre ce jour-là en fin d'après-midi, si tu veux en savoir davantage, Monette.

Bien sûr, elle veut, mais ça tombe un vendredi, veille d'un week-end prolongé qu'elle avait prévu de passer à Valmoissan, et, bon, ça l'embête : OK, mais alors plus tôt, vers 15 heures, pour le café.

Quand il l'a vue débarquer, sac en bandoulière, cheveux bouclés, jambes impeccables gainées de nylon satiné, sourire radieux, Michel s'est demandé, une pensée comme ça en passant, si elle

ne s'était pas fait faire un lifting. Ce qui explique-
rait son peu d'empressement à le rencontrer
depuis deux, trois mois :

— Qu'est-ce qui t'arrive, Monette, tu as rajeuni
de dix ans !

— Si tu savais, mon grand, ça m'est tombé sur la
tête, sans crier gare, le coup de foudre, le grand
amour. Il est beau, il est adorable, il est plus vieux
que moi, mais pas trop, il est... Je ne peux pas te dire
à quel point je suis heureuse. Je me pince tous les
matins en me réveillant pour être bien sûre de ne
pas rêver... Ben, t'en fais une tête ! Qu'est-ce qui se
passe ? C'est Muriel ? T'es au courant pour l'agreg ?
Elle l'a passée les doigts dans le nez. 13e sur 102.
Génial, non ? Elle plane, là en ce moment... Ça
m'étonnerait qu'elle ait des ennuis... À moins que...

— Non, pas du tout, au contraire... Je t'expli-
querai... Alors, c'est reparti pour un tour ? Le
grand Amour ! Jouer encore les midinettes, à ton
âge, Monette, est-ce bien raisonnable ? Bon, bon,
je n'ai rien dit... Mets ça sur le compte de la jalousie. Je suis jaloux, oui. Pas de toi, je veux dire pas
de ce monsieur... Enfin, si... Je suis jaloux de vous
deux... Pourquoi toi, pourquoi lui et pas moi ?

— Voyons, Michel, c'est pas de la jalousie ça,
c'est de l'envie et c'est un très vilain défaut. Idiot,
en plus. Tu le rencontreras forcément, le bonheur,
vu qu'il est au coin de la rue... Bon alors, qu'est-ce
qu'elle voulait, Muriel ? Te faire une scène ?
Raconte voir.

Tiens, pendant que j'y suis, je vais vous la montrer, cette scène. Elle est on ne peut plus courte.
Muriel s'est faufilée entre les tables sans que son
père la voie arriver et elle s'est glissée à la place

laissée libre devant lui sans un mot, sans rien, l'air gêné, comme si elle avait honte d'être là. Ce qui est le cas ! Lui s'en rend parfaitement compte et tente de la mettre à son aise en lui demandant des nouvelles de Jérémie et de Vincent. Elle répond du bout des lèvres. Et puis, brutalement :

— Écoutez, je ne vais pas vous faire perdre votre temps... Je préfère vous dire ce qui m'amène d'entrée de jeu. Ça va faire quatre ans que j'enseigne dans une ZEP en banlieue. Je n'en peux plus. Je viens de passer mon agreg en interne, mais je n'ai pas collecté assez de points pour pouvoir être nommée à Paris. J'ai beaucoup hésité avant de vous demander ça à vous. Derrière le dos de ma mère et de mon mari. Mais, bon, j'ai besoin d'un coup de main. Et comme vous n'avez jamais rien fait pour moi de votre vie, j'ai cru pouvoir vous le demander.

Alors, lui, sidéré. Et très embêté :

— Tu veux que je te pistonne ? Ah, ben, ça alors, si je m'attendais ! Tu me places dans une situation extrêmement délicate, voyons, mon chou... Je ne vois pas très bien à quel titre...

— Ah ! je vous en prie ! Ne commencez pas à me donner du « mon chou » sur ce petit ton protecteur. Ça, je ne supporte pas ! Et si vous ne voyez pas à quel titre vous pouvez intervenir en ma faveur auprès de vos amis politiques, ça n'est pas à moi de vous le dire. Allez, salut !

Michel poursuit son récit :

— Et elle est repartie aussi sec, sans se retourner, sans que j'aie eu le temps de la rattraper, coincé que j'étais, dos au mur, sur la banquette... Qu'est-ce que tu penses de ça, Monette ?

— Moi, rien. C'est à toi de jouer, ce coup-là. Ou

pas. Pauvre chérie, faut-il qu'elle en ait marre de
ce bahut et de la conduite de Vincent pour s'abaisser à...

— Quoi, la conduite de Vincent ?

— T'occupe ! C'est pas tes oignons. Alors ?
Qu'est-ce que tu comptes faire ?

— Je ne sais pas, moi... C'est quand même un
peu... Bien sûr, je peux toujours en parler à
Dumaine-Latour, mais à quel...

— À quel titre ? Je ne te le fais pas dire ! T'es vraiment une merde, tu sais, Michel. Un nul. Mais le
pire, c'est pas ça, ça, on s'en fout, c'est ton problème... Non, le pire, c'est que cette gifle — et
quelle gifle ! —, elle l'a vraiment cherchée, ta fille !
Enfin, comment est-ce possible, elle, si réticente, si
digne, si lucide, si méfiante, depuis toujours, avec
toi ? Ah ! Ça me rend malade ! Et ça me fait honte.
Honte de t'avoir revu. Je n'aurais jamais dû. Ni elle !

Monette est partie à son tour, partie en furie. Et
Michel reste planté là, dos voûté, accablé, un gros
tas d'indécision mollassonne et de lâcheté, apitoyé
sur son propre sort.

Non, c'est vrai, elles le font chier ces bonnes
femmes avec leurs exigences. La petite en prend
tout de même à son aise. Jamais un mot gentil, affec-
tueux. On lui donne du monsieur Michel. On cesse
de le voir du jour au lendemain, sans raison, sans
rien dire et quand on a besoin qu'il fasse le service,
on le sonne à l'office : Michel, passez donc un coup
de fil au ministre de l'Éducation nationale. J'ai envie
d'un poste dans un très bon collège — et pourquoi
pas un lycée pendant que j'y suis — genre Henri-IV,
Fénelon ou Jeanson-de-Sailly. Ben qu'est-ce que vous
attendez, mon brave ? Que je vous le dise deux fois ?

— Allô ! M. Dumaine-Latour, je vous prie, pour M. Michel Dugros-Dubourg... Monsieur le ministre ? Ne quittez pas, je vous passe le vice-président...

— Allô, Roger ? C'est Michel. Je ne te dérange pas ? Un peu ? Veux-tu que je te rappelle ?... Bon, alors très vite, voilà de quoi il s'agit... Une très vieille amie... En fait une amie d'enfance... Ma femme ? Pourquoi tu me parles de ma... ? Ah bon, une association d'idées... Bizarre. Martine va très bien, merci. Et Denise ?... Bon, alors où j'en étais ? Ah oui... Sa fille... Non, pas celle de ma femme, pas ma fille, pas du tout, absolument pas... Celle de mon amie... Enfin, de ma copine, une vieille copine... Non... Oui, Martine la connaît bien sûr, je n'en fais pas mystère... Mais elle ne la connaît pas plus que ça... Pourquoi tu me demandes ? Tu as de ces questions aujourd'hui ! Bref, elle est enseignante. Agrégée de lettres... Non, pas cette vieille copine, sa fille... Dans l'Essonne, un collège classé en ZEP et elle aimerait bien être nommée à... Ben, oui, je sais que tu croules sous ce genre de... C'est exactement ce que je lui ai dit quand elle m'a demandé de... Mais, bon... Mets-toi à ma place... Si je reviens bredouille — Désolé, ma

chère, il n'y a rien à faire —, j'aurai l'air de quoi
vis-à-vis de mon amie, enfin, de ma copine ? Je
perds la face. Et bon, si j'insiste c'est que... Où tu
vois que ça me tienne tellement à cœur ? Quelle
idée ! Pas du tout ! Je m'en fous complètement,
moi, de cette fille... De sa mère aussi, qu'est-ce que
tu vas chercher ? Si on ne peut même plus demander un petit service à un ami, un ancien collègue,
un copain de promotion en plus, sans être accusé
d'adultère, de paternité clandestine, de... Enfin,
c'est insensé !... C'est ça, je fais un complexe de
persécution ! Tu veux que je te dise, Roger, si je
suis persécuté, c'est parce que tu me persécutes,
voilà ! Et je n'ai pas mérité ça ! Il y en a marre à la
fin de se faire accuser de tous les crimes de la
terre par la fille, la mère et l'ami de la famille... Je
me calme si je veux !... Si je veux, le fax... Elle
s'appelle Muriel. Muriel Falguière... F comme
Fernande. A comme Alice... L comme Louis...
FALGUIÈRE comme la station de métro, oui... Pas
comme moi, je te signale. Quoi, il n'y a pas de
quoi se vanter ?... Où tu prends que je m'en vante,
on peut savoir ? Oh, et puis, tiens, non, je veux pas
le savoir, ça vaudra mieux !

Ça y est, là, l'intervention de M. Michel en faveur de celle qui est tout sauf-sa-fille-surtout-n'allez-pas-croire a été très efficace et Muriel se retrouve nommée au collège Clément-Marot dans le XVIe arrondissement de Paris. Un bahut à l'ancienne, semblable au bahut de son enfance et de la mienne qui sent le gamin mal lavé et la craie. Un bel édifice, fin XIXe, regroupant autour d'une immense cour plantée d'arbres des salles de classes hautes de plafond, aux murs décrépis et aux pupitres en bois cra-cra recouverts de graffitis avec un trou pour l'encrier et une longue fente où poser sa règle et son porte-plume.

Tenez, la voilà qui se pointe le jour de la rentrée, toute jolie, toute mignonne, toute contente de pouvoir jouer à la dame dans un faux Chanel façon Sentier et des escarpins en vachette — ici elle peut se le permettre, à Reil, le gros pull et les baskets étaient de règle —, toute au bonheur que lui a procuré, après tant de travail, de doutes et d'angoisse, sa note à l'agreg. Un bonheur durable, intense, différent, certes, mais comparable à celui qui vous soulève à la rencontre de l'être aimé ou la naissance d'un enfant. Un bonheur plein d'espoir qui donne confiance en soi et elle en avait bien besoin. Un bonheur après lequel plus rien ne sera jamais comme avant.

Un rien angoissée quand même. Sorti de la principale et de la conseillère d'éducation, Muriel ne connaît personne, mais elle va vite retrouver un peu de son aplomb tout neuf en croisant au détour d'un couloir une fugitive collègue de Reil-les-Roses, elle y est passée le temps d'un remplacement. C'est une bonne grosse aux cheveux en brosse teints blond poussin, à la voix de baryton, une grande gueule rigolarde.

— Ça, alors, madame Graillard ! Si je m'attendais... Vous êtes ici depuis longtemps ? Deux ans ! Moi, je débarque... Dites voir, j'ai peur d'être en retard... Je cherche la salle 123...

— Deuxième étage à droite... C'est quelle classe ?... Une 6e A ? Aucun problème, vous verrez. Du pur porc à 70 %.

— Comment ça ?

— Ben, du Franco-Français. Vous ajoutez un peu d'Africain, de l'Asiatique et pas mal de Portugais et ça vous fait un bon mélange ni trop explosif ni trop lourdingue. À condition, évidemment, de savoir les...

Muriel s'est envolée dans les étages. Elle ne veut pas en entendre davantage... Arrivée sur le palier, elle ralentit le pas et se dirige, sans paniquer, vers un groupe d'enfants parqués dans le désordre d'une mêlée de sacs, de baskets et de parkas, devant la porte close. Elle sort son trousseau de clés et d'une voix ferme, pour une fois, assurée, les prie de se mettre en rangs par deux et de se calmer.

Ce qu'ils font, un peu surpris d'abord, visiblement séduits par sa jeunesse, sa joliesse... Ils entrent en classe, se répandent bruyamment derrière les tables et se laissent tomber en rigolant sur leurs chaises.

— Debout ! Debout, tout le monde ! Vous vous assiérez à l'appel de votre nom.

Et je te fais l'appel. Et je me présente vite et bien. Et je te fixe les règles du jeu. Tout effort de participation sera récompensé d'un point supplémentaire et aucun retard, ne serait-ce que de deux minutes, ne sera toléré. Là-dessus, on frappe à la porte, les joues rouges d'avoir couru, deux gamines font irruption dans la classe : Pardon, m'dame, on est nouvelles, on s'est perdu...

— Bon, allez vous asseoir, mais que je ne vous y reprenne plus... Bon, vous y êtes ? Ouvrez vos cahiers de textes et écrivez...

Je ne vous dis pas qu'ils lui ont tous obéi au doigt et à l'œil, sans moufter, non, faut pas rêver, mais bon, emportée par ce nouvel élan de vitalité, d'assurance retrouvées, elle, si gauche d'habitude, si contractée, a su leur imposer un minimum de respect. D'attention aussi. Et s'il est vrai que rien ne réussit comme le succès, plus ça allait, mieux elle la sentait, sa classe, enfin capable de la diriger au lieu de se laisser déborder.

À quoi ça tient ? À peu de chose. Suffit souvent d'une remarque bêtement maladroite au cours d'une première nuit d'amour — J'adore tripoter tes seins, ils sont mous, ils sont blancs, on dirait de la pâte à tarte — pour tout foutre en l'air. Ou de louper la première mesure d'une intro pour chanter faux. Ou d'être catalogué mauvais prof pour le

rester. Là, elle repart de zéro, Mme Falguière. Et,
grâce à Dieu, elle repart du bon pied.

Cinquante minutes plus tard, c'est une Muriel
comblée, enchantée, au sens fort du mot, par ce
plaisir tout neuf, celui d'exercer le plus beau
métier du monde, une Muriel avec des étoiles dans
les yeux, qui va se précipiter, il est midi, trop tôt
pour aller déjeuner, dans la salle des profs. Sûre
d'y retrouver la chaleur amicale et complice de
Fourneron. Tu parles ! Ici, la pièce à vivre, le point
d'eau des enseignants, c'est une sinistre glacière,
flanquée d'un salon-fumoir, genre hall de gare,
meublé de chaises en rotin et de tables basses.
Personne ! Enfin, si, deux dames à la mine rébar-
bative qui la regardent de travers et un barbu grisonnant dans un coin, le clope au bec et l'œil au
loin.

Un peu décontenancée, Muriel hésite à entrer.
Pour quoi faire ? Pour parler à qui ? Allons, allons,
ma fille, ça n'est pas maintenant, ça n'est pas ici
que tu vas recommencer à paniquer. Tu entres, tu
vas t'asseoir et tu... Et tu quoi ? Non, j'ose pas, j'aurais l'air d'une conne. Elle va pour repartir et voilà
que dans son dos :

— Alors, ma puce, comment ça s'est passé ?
Vous venez prendre un café ? La machine est là
derrière...

Mme Graillard la prend par le coude et l'emmène et la ramène, gobelets en main, dans la salle
des profs et s'installe péniblement, elle déborde
de partout, dans un petit fauteuil et invite Muriel à
en faire autant tout en lui faisant remarquer :

— L'avantage de travailler ici, c'est qu'on est
pas obligé d'y passer la journée comme à Reil. À

moins d'avoir cours en fin de matinée et en début d'après-midi, aucune raison de se taper la cantine ou un croque au coin de la rue. C'est votre cas ? Vous recommencez tantôt ?... Ah ! Madame Billot, je vous cherchais, je voulais vous parler de la 4ᵉ B... Figurez-vous que...

Muriel ne sait trop que faire. Rester assise en attendant que sa copine, entre guillemets, elles se connaissent à peine, lui revienne ou bien... Là-dessus, Mme Graillard ramasse ses 120 kilos, les pousse lourdement vers la sortie sur les talons de Mme Billot et lance par-dessus son épaule un « Allez, bon courage, ma puce » à une Muriel complètement désemparée. Elle va pour se lever à son tour quand :

— Bonjour, madame. Je me présente : Raphaël Robin. Latin-grec. Nouvelle ?

Le barbu la domine de toute sa hauteur. Elle acquiesce de la tête. Et lui :

— Agrégée ?

— Oui. En interne. De lettres modernes. J'ai...

Ce qu'elle a, il s'en fout apparemment. Elle n'a pas le temps de finir sa phrase qu'il lui a déjà tourné le dos pour aller se rasseoir, sans un regard, sans rien, devant son paquet de cigarettes vide et son cendrier plein.

— Qu'est-ce que tu dis de ça ? Tu crois qu'il me snobait vu qu'il a dû faire lettres classiques et pas moi ?

Excitée comme une puce par cette première journée à Clément-Marot, Muriel, qui s'était pourtant promis de lui battre froid, n'a rien de plus pressé en rentrant de chez Monette, Jérémie sous

le bras, que de tout raconter à Vincent. Il écoute
sans réagir, en essayant de vaincre le malaise per-
sistant que lui inspire la démarche honteuse, à ses
yeux, de sa femme auprès de ce salopard de politicien de droite, histoire d'échapper à un enfer qu'il
tient, lui, pour le paradis. Et se reprend, pris de
vagues remords, il devrait être heureux de la voir
si détendue, si contente... Elle a l'air d'en avoir
oublié jusqu'à l'existence de Ségolène. Et lui
lance, mi-figue mi-raisin :

— Bien sûr, il te snobait ! C'est ce que tu espérais trouver, non, dans un bahut des beaux quartiers, ce côté club hyper-fermé ? Je te signale qu'il
n'y a pas si longtemps encore, au lycée, les agrégés
ne bouffaient pas à la même table que les certifiés.
Normal : ils n'avaient pas gardé les cochons
ensemble. Tiens, à propos, et tes gamins, ils sont
comment ?

Alors, elle, piquée au vif :

— Bien élevés. Ils étudient proprement sans
mettre les coudes sur la table et sans faire de bruit
en dévorant mes paroles.

— Je me présente : Madame Falguière. Je suis leur professeur de français et je dois vous dire que de mon point de vue aussi vos enfants sont beaucoup trop agités, surtout les garçons. Il y en a qui sont immenses, c'est vrai, des grands gaillards de 1,80 m... En pleine crise d'adolescence, peut-être... Mais tout de même...

Muriel, elle a attendu, sagement assise sous le tableau noir, son tour de s'adresser aux parents d'élèves de la 4e B, Muriel partage la mauvaise opinion de ses collègues sur cette classe difficile et dissipée. Au grand dam des parents prompts à défendre leurs rejetons. Pendant que M. Labalette, le prof de maths, surnommé la Baleine, un gros joufflu blafard, chemise tendue au point de craquer sur une énorme bedaine, se faisait sérieusement harponner par une mère en colère — Vous expliquez mal... Mon fils a toujours été bon en maths, là, il n'y comprend plus rien —, Muriel a eu tout le temps de les observer.

Certains sont renversés sur leur chaise, jambes étalées sous les pupitres, d'autres, au contraire, penchés en avant prennent fébrilement des notes. Beaucoup plus de femmes que d'hommes. Peu de couples. Et rien que des Franco-Français. Non, parce que contrairement à ce qu'on pourrait croire, à Clément-Marot, la population est loin d'être homogène. On y parle plus de vingt langues. On y trouve des non-francophones. Et on y accueille des gosses de tous les milieux : gardiens d'immeuble portugais, professions libérales, show-biz et médias, petits commerçants arabes, cadres souvent au chômage, fonctionnaires, attachés d'ambassade ou femme de ménage mauricienne.

— Ils n'arrivent pas à se concentrer... D'autant qu'il y en a toujours trois ou quatre pour empê-cher les autres de...

— Excusez-moi, madame Falguière, mais quand un élève dérange, il faut le punir... Moi, qui suis enseignante, les mauvaises têtes je les...

— Moi aussi. Je leur colle des retenues. Il m'arrive même de les envoyer chez Madame le Principal. Et je ne manque jamais de vous signaler leur attitude en la notant sur le carnet de corres-pondance... Ce qui ne semble pas émouvoir outre mesure les parents. C'est regrettable parce que ces enfants sont les premiers punis. Pendant les devoirs surveillés, ils perdent une heure sur deux à papoter, à chahuter... Avec les résultats que vous savez.

Vautré seul sur un banc au fond de la classe, un quadra grisonnant au long visage bronzé, plutôt séduisant, visiblement friqué, imper Burberry lar-gement ouvert sur un pull en cachemire, se redresse et lève la main pour attirer l'attention de Muriel :

— Alors, là, madame, je ne suis pas d'accord. Ce n'est pas à nous de faire régner la discipline au collège. Je ne crois pas que vous ayez à vous plaindre de Quentin sur ce plan-là. Et ce que j'en dis, ce n'est pas pour moi, c'est pour le principe. Chacun son métier. Le vôtre est d'éduquer...

— Non, monsieur, je regrette. Nous ne sommes pas dans une ZEP. Ici, nous ne devrions pas être chargés de l'éducation de vos enfants.

— Attendez, mais alors le ministère de l'Éducation nationale, les 330 ou 350 000 enseignants, je ne sais plus, c'est pour quoi faire ?

— Pour veiller à leur instruction. Même si par un curieux glissement socio-sémantique, ce mot-là a disparu du vocabulaire. Maintenant l'éducation recouvre tout. Y compris l'instruction civique. Reste que moi, je ne suis pas là pour leur apprendre les règles de la politesse. J'ai déjà assez de mal avec celle des participes... Mais, bon, ce n'est peut-être pas ici et maintenant qu'on va rouvrir ce vieux débat. D'autres questions ? Non ? Alors vous voudrez bien m'excuser. Il faut que j'assiste à la réunion des parents d'élèves de 6e et comme elles se tiennent toutes en même temps...

Elle sort en vitesse, fonce dans le couloir... Et s'arrête pile :

— Madame... Madame Falguière !

Elle se retourne. L'imper Burberry lui court après :

— Juste un mot, madame ! J'aimerais bien vous voir pour parler de Quentin... Est-ce qu'on pourrait prendre rendez-vous... En fin d'après-midi, je préfère.

Elle lui propose le jeudi suivant à 18 heures. Il accepte avec empressement. Et sans même prendre la peine de s'excuser par l'intermédiaire du gamin, lui pose un lapin.

Un curieux gamin, ce Quentin. 14 ans. Très grand pour son âge. Filiforme. La voix et le visage de l'enfance. Un visage d'ange, mais sombre, fermé. Indéchiffrable. Il parle peu. Ne sourit jamais. Ne participe au cours que si on l'y oblige. Et reste volontiers seul dans un coin à la récré. Avec ça des notes très inégales. En dents de scie. Excellentes ou exécrables, elles se tiennent soigneusement à l'écart de la moyenne.

Le vendredi Muriel le retient à la fin de son cours :

— Qu'est-ce qui s'est passé ? Votre père devait venir me voir hier et...

— Mon père !

— Eh bien, oui. Ça a l'air de vous étonner. Nous avions rendez-vous et il n'est pas venu.

— Mais d'où vous le connaissez ?

— Il était à la réunion des parents d'élèves, voyons.

— Il est allé à la réunion des... Je vous crois pas.

— Mais si ! Il ne vous l'a pas dit ? Vous ne l'avez pas vu depuis ou quoi ?... Ben, répondez, Quentin. Il n'y a pas de honte à ça. Il est peut-être très occupé, votre papa... Quentin, je vous parle !

Quentin n'écoute plus, l'air buté, le regard ailleurs.

— Qu'est-ce qu'il y a qui ne va pas, mon grand ? Vous avez des problèmes à la maison ?

— Ça ne vous regarde pas.

— En l'occurrence, si, je regrette. Quand vous le verrez, dites-lui de reprendre contact avec moi. Lui ou votre maman, c'est pareil.

— Ma mère, elle est partie.

— Oh ! Je suis désolée... Vous habitez avec votre père, alors ?

— Non, je vis seul. Mon père est jamais là.

— Il s'intéresse pourtant à vous, la preuve !

— La preuve que non ! Autrement il serait venu vous voir. Remarquez, ça m'est bien égal. Je préfère même à la limite. L'important c'est de savoir à quoi s'en tenir. Et moi, je le sais. Alors, votre baratin, vous pouvez vous le garder... Allez, au revoir, madame !

— Quentin !

Trop tard. Il a filé, tête baissée, longue silhouette dégingandée, attendrissante de l'enfant grandi trop vite. À tous points de vue.

C'est la 6ᵉ A, celle que Muriel préfère, celle qui lui a porté chance le jour de ses débuts à Clément-Marot. Trente élèves. Age moyen : 12 ans. Au lieu de faire l'appel, elle les compte du regard. Ce qui lui laisse le temps de laisser retomber l'ébullition de la récré et de l'attente devant la porte de la salle. C'est long. Débarrassés de leur parka et de leur sac à dos, pesante carapace, elle fait plus de vingt kilos, ils ont retrouvé un élan, une liberté de mouvement à nouveau entravée, coincée entre tables et chaises. Et leur trop-plein d'énergie se traduit à présent par un hourvari de rires et de cris. Elle les compte. N'en trouve que 28. Et de sa voix pointue qui, va savoir pourquoi, perce ici le vacarme au lieu d'y contribuer :

— Il en manque deux. Cédric et...

Alors, Arthur, le délégué des élèves, un ravissant petit ludion, que sa gaieté, son autorité naturelle ont élevé au rang de chef :

— Cédric et Corinne, m'dame !

Le temps de noter leurs noms dans le cahier des absences et d'inscrire le mot « vacarme » au tableau noir :

— Bon, c'est bientôt fini, ce vacarme ? Qui peut

me dire le sens de ce mot ? Personne ? Vous en faites sans le savoir, alors ! Vacarme, c'est un bruit déplaisant. Et je veux que ça cesse immédiatement. Sortez les exercices d'orthographe que vous aviez à faire pour aujourd'hui... Élodie, on se calme et on fait ce que j'ai dit.

Elle passe dans les rangs, et jette un œil sur les copies que lui montrent les élèves : Fernando ! Vous ne vous êtes pas relu encore une fois. Vous vous moquez du monde ou quoi ?

Et Fernando, un beau brun un peu lourdaud, bien nourri, bien habillé, sa mère, une Portugaise, gardienne d'immeuble, fait des ménages dans le quartier et son père est taxi de nuit :

— C'est pas ma faute, m'dame, moi, j'ai personne pour m'aider à la maison et j'ai rien compris.

— Vous n'aviez qu'à me demander des explications à la fin du cours lundi dernier. Passez-moi votre carnet de correspondance. Je demande à voir vos parents. Ça ne peut pas continuer comme ça... Je vous préviens, ceux qui n'ont pas apporté leur devoir devront me recopier le corrigé, deux fois, pour demain. Le corrigé, le voici.

Elle l'inscrit vivement au tableau noir. Se retourne de temps en temps pour balayer la classe du regard — Bruno, vous faites quoi, là ? Une prière ? Du calcul mental ? — et leur suggère d'échanger leur copie avec celle du voisin :

— Sortez vos crayons rouges, soulignez les fautes... Le prochain que j'entends parler devra me conjuguer le verbe être à tous les temps de l'indicatif pour samedi prochain.

Personne ne moufte. Pris au jeu, les élèves

jouent au prof avec le plus grand sérieux. Elle se balade parmi eux, donne une indication ici, relève une négligence là. Et ramasse les copies dans un silence relatif. Dans ce collège plutôt privilégié, sa façon habituelle de s'adresser aux enfants comme s'il s'agissait de grandes personnes fait merveille. À Fourneron, face à des élèves incapables de s'exprimer autrement que par des grognements, des onomatopées, des bourrades et des coups, elle paraissait prétentieuse et maniérée. Ici, ils se sentent valorisés au contraire. Et se montrent bon public. Ce qui va inciter la mauvaise comédienne qu'elle était à se révéler plutôt bonne à son tour, qualité essentielle, tous les profs vous le diront, pour qui veut tenir, voire séduire, sa classe.

— Bon, prenez une feuille. Écrivez votre nom, la date...

— C'est quoi la date aujourd'hui, m'dame ?

Elle répond sur le ton geignard de la petite beurette qui lui a posé la question :

— C'est marqué sur le tableau noir, m'zelle !

La classe rigole.

— Écrivez « Premier exercice » et soulignez au crayon bleu. Vous êtes prêts ? Fernando et Jean-Jacques, on se tait ! Pas de messes basses non plus. Bon, ça suffit comme ça. Fernando, ramassez vos affaires et venez vous asseoir ici. Je commence.

Elle dicte :

« Sais-tu qui s'est cassé la jam-be ?... S'est cassé la jambe... Point d'interrogation... C'est un skieur débutant... Débutant... Point... Il s'est pris les pieds dans ses bâ-tons... Dans ses bâ-tons... Point... Regarde ces enfants et la luge qu'ils ont amenée.

Qu'ils ont amenée... Virgule... Ce sont ses cama-
rades... Point final.

— Qui veut venir faire le corrigé ?

Et devant la forêt de bras haut levés : Moi,
m'dame ! Moi !

— Pas vous, Fernando ? Venez donc au tableau.
Prenez la craie et écrivez : Sais-tu qui s'est cassé...
Ça s'écrit : « S'est » tu ? Vous en êtes sûr ?

— Non. Comment je saurais si ça s'écrit « s'est
tu » ou autrement ? J'ai personne pour m'aider,
moi, à la maison.

— Oui, on sait ! Du verbe savoir. Vous nous
l'avez déjà dit. Seulement, ici, vous êtes en classe,
je vous signale, pas à la maison. Il s'agit d'un
devoir sur table. Encore une remarque de ce
genre et je vous envoie chez Madame le Principal.
Elle pourra peut-être vous aider, elle... Sais-tu !

— Muriel, regarde-moi ! Qu'est-ce qu'il y a, ma petite fille ? Tu es bizarre depuis quelque temps.

— Mais, non ! Qu'est-ce que tu vas chercher, maman ? Tout baigne. Au collège, je ne me débrouille pas trop mal. Même pas mal du tout. Je ne resterai peut-être pas dans les annales comme le meilleur prof qu'ils aient jamais eu, mais, bon, les gosses m'ont plutôt à la bonne et...

— Je sais tout ça, voyons, chérie, et de ce côté-là, il n'y a pas de souci... Non, c'est autre chose... C'est... C'est Vincent, c'est ça ?

— Pourquoi, Vincent ?

— Parce qu'il y a quelque chose de changé entre vous. Je le vois bien. Paolo aussi... Il n'est plus comme avant, il est... Comprends-moi, chérie, on ne veut pas se mêler de vos affaires, mais, bon, ça nous inquiète...

— Tu ne va pas en faire toute une histoire, voyons, maman ! C'est pas toujours évident avec les mecs, tu es bien placée pour le savoir.

— Oui, justement. Et c'est bien ce qui m'embête. Je te connais, va. Tu donnerais n'importe quoi pour ne pas te retrouver seule avec un môme, comme moi. Tout plutôt que de suivre le modèle de ta mère. Je sais que tu désapprouves. Tu ne t'es pas gênée pour me le faire sentir et...

— Attends ! Tu ne vas pas commencer à me reprocher... C'est pas le moment, je te jure !

— Mais, je ne te reproche rien du tout. Je ne cherche pas à me justifier, encore que je ne m'en sois pas si mal tirée...

— Grâce à qui ? Grâce à ma pomme, en grande partie, non ? Alors, laisse-moi faire avec Vincent.

— Faire quoi ? Faire comme si de rien n'était ? Pour qu'il se croie tout permis ? C'est trop facile ! Où tu as pris ça ? Dans *Marie Claire* ? Dans *Biba* ? Quelle attitude adopter si votre jules vous trompe ?

— Comment tu le sais, d'abord ?

— Moi, mais je ne sais rien, Muriel, je suppose. Ça n'aurait rien de tellement extraordinaire. Ce sont des choses qui arrivent. Et le meilleur moyen de s'en sortir ça n'est peut-être pas de souffrir mille morts en fermant les yeux sans ouvrir sa gueule.

— Alors, c'est quoi, tu peux me dire ?

— Lui rendre la monnaie de sa pièce. Moi, c'était pas mon truc. Je n'avais aucune envie d'en reprendre un pour essayer de rattraper l'autre... La barbe ! Et puis je t'avais et... Mais toi, c'est différent. Toi, ton Vincent, il n'y a rien avant, rien après. Conclusion : faut qu'il y ait quelqu'un pendant.

— T'es folle ! Il serait trop content. Bonne raison de foutre le camp et de s'installer avec sa pouf.

— Si c'est toi qui le lui propose peut-être. Mais s'il te sent heureuse, épanouie et avec l'autre et avec lui, sautant sur toutes les occasions de sortir, de partir en week-end, bref de profiter de la vie, tout en l'encourageant à en faire autant, il va commencer à se poser des questions. On ne s'attache qu'à ce qui vous échappe.

— Tu crois vraiment ? Alors, j'ai peut-être ce qu'il nous faut.

— Ah bon ! C'est qui ?

— Pour le moment, personne. C'est une possibilité... Pas la peine de me sauter autour en remuant la queue, tu l'auras pas ton susucre, maman. Je t'ai déjà fait assez de confidences comme ça.

— T'as raison, je risquerais de choper une indigestion. J'entends d'ici le coup de fil de Charlotte : Allô, Muriel, qu'est-ce qui t'a pris ? T'as jamais fait une confidence de ta vie à maman. Et puis là, brusquement, tu l'en gaves ! T'es pas un peu malade ? En tout cas, elle, elle l'est. Elle m'a tout recraché. Ça fait une heure que j'éponge tes petits secrets. Et c'est pas ragoûtant, je vais te dire !

— C'est un brave garçon, votre Fernando, madame Toma, mais il a un poil dans la main.

— Il sé bagarre ?

— Non, c'est pas ça, il est paresseux, il ne fiche rien.

— Jé né comprends pas, madame. Mon mari, il loui demande toujours lé dimanche : T'as fait tes devoirs ? Il dit oui. Moi, jé ma loge à m'occuper, jé mes ménages et avec quatre enfants, loui, c'est l'aîné, jé pas le temps de... Jé loui fais confiance. Jé veux qu'il réussit mieux que ses parents. Alors quand son père a vu dans la carnet que vous étiez pas contente, jé souis venue tout de souite.

— Et je vous en félicite, madame Toma... Tous les parents n'en font pas autant... Pour en revenir à Fernando, je comprends très bien qu'il vous soit difficile de le suivre...

— Non, jé peux pas souivre... Il veut toujours dé l'argent pour acheter des sweats, des blousons... Il est coquette... Bien plus coquette que sa sœur... Les jumeaux sont encore pétites, ils ont un peu plous de trois ans, alors c'est pas trop cher, Mais Nando...

— Il faut le comprendre, madame Toma, ici,

vous avez des enfants très gâtés, très bien habillés...
Enfin, très bien, non. À la mode. La mode des collèges. Seulement au lieu de vouloir rivaliser avec
eux sur le plan vestimentaire, il se valoriserait bien
davantage en se maintenant à un bon niveau scolaire. Ça vous reviendrait beaucoup moins cher
et...

— Mé, jé né mé plains pas, madamé Falguière.
Les enfants, ça passe avant. Même avant la maison
qué mon mari, il construit au Portugal.

— Non, je disais ça comme ça, excusez-moi, je
voulais simplement vous signaler qu'il ne fait pas
ses devoirs sous prétexte que vous n'êtes pas là
pour l'aider.

— Et comment jé pourré ? Jé mes seize copro-
priétaires, même qu'ils font souvent leurs réunions
dans ma loge... Pourquoi pas ché lé syndic, cé
serait plous logique, non ? Et en plous, jé mé
quatre patronnes et Mme Tordu qu'él est
méchante, jamais contente. Et la jeune baronne, él
sait pas cé qu'él veut. Mon mari, loui, il travaille dé
cinq heures à minouit, qué quand lé petit il rentre,
loui, il est parti prendre lé taxi au garage.

— Mais je comprends très bien. Fernando se
cherche des excuses. De mauvaises excuses. Je leur
donne des exercices très simples à faire. Leurs
leçons, personne ne peut les apprendre à leur
place. Et votre fils est parfaitement capable de
suivre à condition d'y mettre un peu du sien. Au
lieu de lui demander s'il a fait ses devoirs, il vau-
drait peut-être mieux que vous ou votre mari le
vérifiiez en jetant un coup d'œil sur son cahier de
textes. Par exemple pour jeudi prochain je leur ai
donné un passage à recopier en recherchant les

propositions subordonnées, relatives et conjonc-
tives...

— Qué cé quoi ? Si on sé pas ce qué Nando
doit chercher, comment on sé s'il l'a trouvé ?

Vu le rôle qu'il va jouer dans ce roman, il serait peut-être temps que je vous présente le père de Quentin. Muriel l'a trouvé assez séduisant à première vue. C'est vrai, il l'est. Il a le sourire qui frise autour d'un regard bleu plissé soleil et une voix chaude, basse, timbrée alcôve. Coureur comme c'est pas permis. Sorti de la pub où il exerce ses talents de concepteur, la seule chose qui intéresse ce Don-Don, ce Don Juan, façon Claude Nougaro, c'est comment arriver à séparer 55 kilos de chair rose de 55 grammes de nylon. Pas étonnant que sa femme ait fini par foutre le camp. Avec un copain à lui, d'ailleurs. Et sans un Quentin, terriblement perturbé et jaloux qui du haut de ses 10 ans, à l'époque, exige — et obtient — de rester chez son papa malheureuse, innocente victime d'une garce et d'un traître à ses yeux...

Non, sa maman n'a rien dit, rien fait pour rétablir la vérité. Il aurait fallu pour ça salir l'image d'un père auquel le petit s'identifie vu qu'il le croit plaqué comme lui. Et elle n'en a jamais eu le courage. À quoi bon ? Ça ne lui aurait pas ramené Quentin. Il lui en aurait voulu pour ça autant que pour le reste. Et se serait retrouvé sans plus personne à admirer, à adorer.

Remarquez, c'est arrivé quand même. D'abord touché par la ferveur de son petit garçon, qui l'attend seul chez lui après l'école, Jean-Pierre Kerjean s'est vraiment pris par la main pour s'obliger à rentrer chaque soir assez tôt, sinon pour l'aider à faire ses devoirs, du moins pour partager son dîner. Et puis très vite, repris par son hobby, il a recommencé à draguer. Ce qui l'oblige à mentir. Avant, avec Tina, il ne s'en donnait même plus la peine. Mais là, maintenant, quand le gamin, il est devenu très possessif, mettez-vous à sa place, rouscaille — Oh non, écoute, pas ce soir... Tu m'avais promis qu'on... —, il se sent obligé de chercher et de trouver une bonne excuse.

Et, bon, ça lui casse les pieds. Une fois de temps en temps, passe encore, mais plusieurs fois par semaine, sans compter les week-ends, on se retrouve vite à court de dîners avec des clients de passage, de colloques et de maquettes à terminer en catastrophe.

Tout ça, Muriel l'a appris par sa nouvelle copine, une collègue, prof d'anglais, Carole Chabrol. Elle a eu Quentin en 5e l'année dernière et Mister Burberry, c'est le surnom qu'elles ont donné à son père, n'a rien eu de plus pressé que de venir l'entretenir de ses problèmes familiaux. En tout bien tout honneur. La quarantaine épanouie, mère de trois petites filles roses et rondes, très heureuse en ménage, elle a un côté Dame Tartine qui incite à la confidence, Mme Chabrol. Rigolote avec ça. Rassurante. Dotée de ce gros bon sens dont témoignent souvent les Américaines. Ça, elle le tient de sa mère, une « Mom » à l'ancienne, mariée à un petit diplomate français. Complètement bilingue, Carole emploie les mots qui lui viennent à l'esprit, mélangeant tout naturellement, sans aucune trace de snobisme, le français et l'anglais.

Touchée par la grâce réservée et le plaisir tout neuf d'enseigner d'une Muriel qui s'épanouit sous ses yeux comme ces fleurs japonaises desséchées qu'on a plongées dans l'eau, elle l'a prise sous son aile.

Attention, de la poussive Trabant qu'elle était, ma Muriel n'est pas devenue, loin s'en faut, l'éblouissante Rolls de l'enseignement secondaire. À quoi reconnaît-on d'ailleurs le champion, la médaille d'or du métier, le plus dur qui soit, vu qu'il n'obéit plus à aucune règle ? Au fait qu'il (elle) soit capable — c'est très rarement le cas — d'obliger les élèves à se mettre en rangs par deux avant d'entrer en classe. Et d'attendre avant de s'asseoir qu'il (elle) leur en ait donné l'autorisation.

Muriel l'a bien tenté et réussi la première fois qu'elle s'est heurtée à la bande déchaînée de gamins qui glapissait devant la porte de sa classe. Sous le coup de la surprise ahuris devant ces exigences d'un autre siècle venant d'un petit bout de femme à peine plus grande qu'eux, ils ont obéi. Mais bon, ils sont encore petits. Les grands, eux, se croiraient déshonorés en gagnant leurs places à pas mesurés au lieu de les prendre d'assaut au triple galop. On n'est pas des pédés, merde !

Ce qu'ils lui ont appris, et en cela, elle s'est montrée élève attentive, désireuse de se mettre enfin au diapason, c'est à distinguer l'exubérance spontanée, juvénile de l'indiscipline agressive, déstabilisante et méchamment sadique du chahut organisé. Il suffit souvent de trois ou quatre mauvais éléments, perturbateurs par principe et par tempérament, bien décidés à foutre le bordel, pour y arriver sans peine. Peu après la réunion avec les parents des élèves de 4ᵉ B, la classe de Quentin justement, Muriel, avant de rendre les copies, se lance dans le corrigé d'un devoir de grammaire :

— Pas fameux, dans l'ensemble, vos résultats ! Vous confondez encore préposition et proposition. C'est quoi une préposition, jeunes gens, hein ?

Ils la regardent, ébahis. Elle a de ces questions ! On n'en sait foutre rien et on ne tient pas particulièrement à le savoir. Surtout pas au fond, à droite de la salle où on ne se gêne pas pour le lui faire comprendre en élevant le ton d'une conversation insolente et rigolarde destinée à couvrir sa voix. Muriel ne réagit pas. Et poursuit, imperturbable, d'autant plus hautaine qu'elle va leur donner du monsieur et du mademoiselle.

— Bon, eh bien puisqu'il faut tout vous dire, c'est un mot invariable qui relie deux groupes de mots. Un exemple, monsieur Ahmed ?

— Heu... « Mais » ou aloreu... « Qui »...

— Non, pas de chance ! Ça, ce sont des conjonctions de coordination. Notre langue en comporte sept. Pouvez-vous me les citer ?... Quentin ?

— Mais, ou et, donc, or, ni, car.

— Voi-là ! Mais où est donc Ornicar. C'est un moyen mnémotechnique très simple qu'on se refile de génération en génération. Personne ne vous en a jamais parlé ? Il n'y a que Quentin qui soit dans le secret ? Curieux, non ? Bon, reprenons. Mademoiselle Alice au tableau... Écrivez : « Jacques est dans son bureau »... Soulignez le mot « dans ». C'est quoi « dans » ?

Mlle Alice n'en a visiblement aucune idée. Alors Muriel :

— Réfléchissez, mademoiselle Alice... C'est un mot variable ou invariable ? Invariable, c'est ça. Est-ce qu'on peut le supprimer ? Est-ce qu'on peut dire Jacques est bureau ? Non. Il s'agit donc d'une...

— Proposition, m'dame.

— Non, désolée, mademoiselle Alice. Il s'agit d'une préposition et non pas d'une...

Au dernier rang, trois ostrogoths, trois énormes ados, trois crânes rasés, habillés cuir et bagués acier, sont en train d'échanger une boulette de cannabis contre un billet de 100 F sous la table tout en s'envoyant de bruyantes vannes. Muriel qui les a observés du coin de l'œil, mine de rien, s'approche d'eux sans crier gare, rafle d'un tourne-main l'argent et la came, fourre le tout dans sa poche et les prie bien poliment de venir la voir à la sortie du cours.

Pas pour les engueuler, non, pas du tout. Pour leur recommander de sa voix la plus douce, la plus égale de se tenir tranquilles à l'avenir. Ab-so-lument tranquilles. Au moindre mot qui n'ait pas directement trait au cours, elle ira faire part de sa trouvaille à Mme le Principal avec les conséquences prévues par le règlement : conseil de discipline et renvoi à la clé.

— Je suis ici pour vous apprendre à parler et à

écrire le français correctement. Pas pour veiller
sur votre santé, contrairement à ce que pensent la
plupart de mes collègues. Que cet enseignement
vous paraisse totalement inutile, je le conçois. Mais
je ne tolérerai pas que vous empêchiez vos cama-
rades et moi de faire notre travail sous le prétexte
débile que ça vous emmerde. Libre à vous de glan-
der au fond de la classe. Mais en silence. Et de
vous droguer à la cocke, au shit, à la ligne ou au
crack si le cœur vous en dit. Mais pas dans l'enceinte de cet établissement. Compris ?

C'est de ce jour-là qu'est née son amitié pour
Carole, à qui elle a raconté cette discrète reprise
en main. Une Carole un rien choquée et un brin
snobée par le côté et immoral et culotté de sa réaction. Et chaque fois que leurs emplois du temps le
permettent, elles se retrouvent dans la salle des
profs, côté fumoir, pour prendre un café ou pour
aller manger un croque dans le quartier. Muriel
s'est ouverte petit à petit, s'est livrée en confiance
à son amie. Et tout y est passé : son enfance, son
père que c'est pas vrai, et Charlotte et Jérémie et
Vincent et maintenant cette pouf de Ségolène. Et
Monette et Pépé Polo.

— Alors, toujours no news de Mister Burberry ?
Jolie comme tu es, il ne va sûrement pas laisser
passer cette occasion de te draguer, you'll see.

— D'abord, rien n'est moins sûr. Ensuite, lui,
c'est le dernier de mes soucis. C'est pour Quentin
que je m'inquiète.

— Excuse-moi, Muriel, mais ça revient au
même. Et il n'y a pas que ça, il y a that stupid
husband of yours, il y a Vincent. Si l'autre essaie de
t'emballer, ton connard de mari va peut-être vou-

loir se battre pour te garder, who knows ! Rappelle-
toi le bouquin que je t'ai passé : *Men come from
Mars, Women come from Venus.* C'est inscrit dans
leurs gènes, aux mecs, le désir, le besoin de
conquête.

— Il n'en est plus là, lui.

— Ils y sont encore et toujours, tu veux dire. Et
c'est tant mieux. Sous l'auréole de ton saint laïc, il
y a un homme des cavernes qui sommeille. À toi
de le réveiller.

— On croirait entendre ma mère maquerelle
de mère !

— Elle a bien raison. Mais là, je me demande si
ça n'est pas trop tard.

— Comment ça ?

— Dans ces cas-là, il faut toujours prendre les
devants. Si tu ne veux pas être trompée, trompe !
C'est quand tu as senti qu'il en pinçait pour sa girl-
scout que tu aurais dû le faire. Et le lui laisser
entendre. Il te serait revenu vite fait, bien fait pour
sa gueule !

Muriel hésite, gênée soudain. Si elle insiste, si elle demande par le truchement du carnet de correspondance un autre rendez-vous à ce lâcheur de Jean-Pierre Kerjean, il va peut-être penser qu'elle lui court après. Et ça, plutôt mourir ! En revanche, si elle attend son bon plaisir, Dieu sait quand elle aura l'occasion de lui parler de son fils. Or c'est urgent. Quentin n'est pas bien. Il le lui a très nettement fait sentir et il semble compter sur elle pour sermonner son père. Bon, alors, que faire ?

Quentin va le lui dire, le lui hurler en rendant une copie blanche au devoir sur table suivant. Un véritable appel au secours. Impossible de ne pas y répondre.

— Enfin, Quentin, ça ressemble à quoi, cette grève sur le tas ? Allez, donnez-moi votre carnet de correspondance. Et ramenez-le-moi signé par votre père. Il faut absolument que je le voie.

— Alors, how did it go, comment ça s'est passé avec Mister Burberry ? Il a écouté tes reproches ou il a reluqué tes nichons ?

— Les deux. Attends que je te raconte, Carole...

— Tiens, bonne idée ! Oui, je vais attendre et tu sais jusqu'à quand ? Jusqu'à ce que tu nous invites à dîner, moi et Laurent. Je vais le mettre dans le coup. Tu nous invites avec ta mère, ta sœur et ton mari of course. Nous les nanas, on va se faire un malin plaisir de lui offrir une bonne petite séance diapos, commentaires à l'appui, sur ta rencontre avec Prince charming. Un père d'élève, hyper-séduisant et riche à millions. Vincent, ça va être sa fête, trust me !

Monette a sauté sur l'idée de ce dîner. Elle a très envie de connaître la copine de sa fille et elle trouve, elle aussi, qu'à trop lui laisser la bride sur le cou, Vincent ne se sentant plus péter, risque de fuguer pour de bon. Ça va se passer chez elle. Et Pépé Polo sera là. Elle y tient :

— Une petite fête de famille à l'occasion de... De quoi ?... Eh bien, de l'anniversaire de notre rencontre à nous deux Paolo, ça te va, Muriel ? Je vais inviter Charlot et Andrée, tu sais, sa nouvelle copine. Et quand je dis copine, ce serait sa petite amie que ça ne m'étonnerait pas.

— Qu'est-ce que tu racontes, maman ? Charlotte est...

— Pour femmes, oui, je crois. Enfin, je ne veux pas me réjouir trop vite, ça n'est peut-être pas vrai...

— Et ça te ferait plaisir ?

— Ben, évidemment. Je préfère une bru à un gendre. D'abord, un gendre, j'en ai déjà un et il commence à me courir sur le haricot. Ensuite Charlotte sera beaucoup plus heureuse en ménage avec une fille qu'avec un garçon. Les filles, c'est gentil, c'est tendre, c'est prévenant. Ça te dit des mots d'amour en veux-tu en voilà, sans que tu sois obligée d'en réclamer à longueur de journée. Ça aime le clair de lune, les dîners aux chandelles et ça sort son violoncelle sans attendre la pleine lune.

— Ça par exemple ! Mais qu'est-ce que tu en sais, maman ? Ne me dis pas que tu en as goûté, toi ?

— Et pourquoi je m'en serais privée si j'en avais eu envie ? Ça ne s'est pas trouvé et je l'ai toujours regretté, figure-toi. Enfin plus maintenant que j'ai mon Paolo, mais ce ne sont pas les mecs qui ont traversé ma vie en courant qui auraient pu me dégoûter des nanas. Au contraire. Bon, pour en revenir à ce dîner, tu me laisses faire, ma chérie, d'accord ? Tu ne t'occupes de rien sinon de toi. Je passerai prendre Jérémie, je le ferai manger avant que vous n'arriviez et on ira le coucher au moment de passer à table. Je veux que tu sois jolie comme un cœur. Mets un jean un peu serré, un joli chemisier, des sandales à hauts talons. Et pas de chignon surtout. Tu as des cheveux splendides, pourquoi les cacher ? On va bien s'amuser, tu vas voir.

Ça pour voir, elle a vu, Muriel. Jugez-en.

Monette :

— Qu'est-ce que je vous sers, Carole ? Permettez que je vous appelle par votre prénom. Ma fille m'a tellement parlé de vous que j'ai l'impression de vous connaître. Et pour vous, monsieur Chabrol... Pardon, pour vous, Laurent, ce sera quoi ? Champagne ou whisky ? Et toi, Paolo ? Et vous, les filles ? Allez, champagne pour tout le monde. Tiens, débouche cette bouteille, chéri, tu veux ? Il y en a d'autres au frigo. Ce soir on fait la fête ! Et Vincent, il n'est pas encore là ? Tiens, ça sonne, ça doit être lui, va lui ouvrir Charlot.

Monette présente Vincent aux Chabrol.

Et Carole :

— Ça, alors ! C'est ton mari, Muriel ? Mais tu ne m'avais pas dit que tu étais...

Et Vincent :

— Comment ça tu ne lui as pas dit ? Je croyais que vous étiez très amies...

Et Muriel :

— Ben, oui, très, mais, bon, je n'y ai pas pensé.

Et Carole :

— On a tellement de choses à se raconter, dont' we, darling : mon Laurent, mes trois filles, cet amour de petit Jérémie, sa sœur, sa maman, elle me parle beaucoup de vous, Monette, la principale, les élèves, leurs parents...

Et Laurent Chabrol :

— À propos, Muriel, j'ai pris quatre places pour le Feydeau et Jean-Pierre propose de nous emmener souper ensuite chez...

Et Carole :

— Jean-Pierre Kerjean, un type génial, un ponte de la pub, le père divorcé d'un ado, il est en 4e, très perturbé par le départ de sa maman... Et vous faites quoi, vous monsieur da Ponti ?

Et Vincent pincé :

— Professeur certifié. Histoire-géo. Au collège Raymond-Fourneron à Reil-les-Roses.

Et Carole faisant l'étonnée :

— Fourneron ? Mais, c'est là que tu enseignais avant, Muriel...

Et Vincent :

— C'est même là qu'on s'est rencontrés.

Et Muriel :

— Oui, c'est vrai, mais il y a si longtemps...

Et Paolo :

— À table ! Ma Belle, tu te mets en face de moi. Vous môssieur Chabrolle, à la droite de Monette, Vinceng à sa gôche. Madame Chabrolle et Murielle à côté de moi. Toi, Charlotte, ici et Andrée là... On ne vous a pas beaucoup entendues, vous deux.

Du coup, Charlot se tourne vers Carole :

— C'est quoi, cette pièce que vous allez voir tous les quatre avec Muriel et Jean-Pierre ?

Alors Vincent :

— Tu le connais ?

— Pas encore, non. Mais, bon, j'en ai beaucoup entendu parler. Paraît qu'il est hyper-beau et tout. Qu'est-ce que tu attends pour nous le présenter, Muriel ?

Vincent, se lève, jette sa serviette sur la table et lance :

— Elle attend que je me sois tiré. Vous m'excuserez, Monette, mais je n'ai plus rien à faire ici. Allez, tchao !

Et il part en claquant la porte.

Alors, Paolo :

— Chapeau ! Joli travaille, mesdames, il en a pris pour son grade putaing, ce grand couillong !

Être nommé dans une banlieue à problèmes, ça ne présente pas que des inconvénients. Côté parents, c'est plus cool que dans un collège des beaux quartiers. Le français, la plupart d'entre eux ne le parlent pas ou à peine et bon, ils vous laissent l'enseigner comme bon vous semble. Tandis qu'à Clément-Marot, ils ne se gênent pas pour venir vous faire la leçon sur le ton tutu-panpan d'une petite bourgeoise s'adressant à sa bonne au temps de Zola :

— Vous leur aviez donné un devoir pour mardi dernier, madame Falguière ? Comment se fait-il alors qu'Aurélie ne l'ait pas marqué sur son cahier de textes ?

— Faut le lui demander.

— Je regrette, c'est à vous d'y veiller. Elle n'a jamais que 13 ans.

— Désolée, mais avec une classe de trente-cinq élèves, je ne vois pas très bien comment je pourrais le vérifier. Si votre fille était moins bavarde et plus attentive, ça ne se...

— Bavarde, Aurélie ? C'est bien la première fois qu'on nous dit ça, pas vrai Jeanine ?

Jeanine qui a sorti son PC de poche pour y

noter les minutes de ce procès intenté par son ostéopathe de mari — elle est son assistante au cabinet — à cette jean-foutre de prof, Jeanine renchérit :

— Absolument. L'année dernière, en 6ᵉ, madame Schmitt en était très contente. Elle avait d'ailleurs de très bonnes notes. Que là, elle nous ramène des 6 et des 7 totalement injustifiés. Son devoir sur... C'était de qui déjà, Patrick, ce texte complètement débile qu'elle devait résumer l'autre jour... Peu importe. Nous nous sommes donné beaucoup de mal, ça nous a... Enfin je veux dire ça lui a pris tout le week-end et merci du résultat !

— Je vous signale que ce devoir, elle me l'a remis en retard encore un coup. Avec elle, c'est toujours pareil : ou elle l'a oublié à la maison ou elle n'a pas eu le temps de le terminer.

— C'est bien ce qu'on vous dit, madame Falguière, c'est une enfant appliquée qui se donne un mal de chien. Alors nous trouvons votre sévérité particulièrement injuste et complètement déplacée. C'est vraiment mal récompenser les efforts de notre fille. Vous la découragez au lieu de la motiver. C'est comme pour Kévine, pire même, parce que en 3ᵉ, le choix d'un bon lycée, c'est là-dessus que ça repose, sur les notes. Nous avons des relations, grâce à Dieu, mais si vous continuez à le sous-noter...

— C'est intolérable, c'est vrai. Nous n'avons pas digéré le 9 que vous lui avez collé pour son excellent devoir d'imagination à partir d'une page de Balzac particulièrement affligeante d'ailleurs.

— Ah, bon ! Ça ne vous plaît pas, Balzac, ça n'est pas de la bonne littérature ?

— Ça n'est pas ce que voulait dire mon mari. Entre *Tristan et Iseut*, *Germinal* et *Le Colonel Chabert*, vous donnez à des ados déjà guettés par le chômage — je touche du bois — une vision beaucoup trop défaitiste de l'existence.

— Pas forcément. Je leur ai demandé une fiche de lecture sur *La Mare au diable*, et, bon, George Sand ne passe pas pour un auteur particulièrement pessimiste.

— Ben, tiens, justement, il n'est pas à la page ce roman. Il ne reflète pas la vie actuelle. Alors, quel intérêt ? À quoi ça sert d'étudier ces vieux machins à notre époque ? Vous leur donneriez du Pennac, ça oui, ça d'accord, ça...

— Ça n'est pas au programme, je n'y peux rien.

— Peut-être. Encore que... Mais, bon, il n'y a pas que ça, vous leur inculquez des notions... Comment c'était déjà, Jeanine, la technique du quoi ?

— Du point de vue ? Désolée, cher monsieur, ça, en revanche, ça y est au programme. De nos jours, ça fait partie intégrante de l'étude du français et...

— Écoutez, madame Falguière, il se trouve que ma femme et moi, on a fait d'excellentes études sans avoir jamais entendu parler de focalisation ni de schéma-je-ne-sais-quoi. D'ailleurs notre fils est un littéraire. Il adore les bandes dessinées. La télé, il ne la regarde jamais, sorti de canal Jimmy, des films, des séries policières, du foot tout ça. Et je vous demande très sérieusement d'en tenir compte. Nous ne vous laisserons pas bousiller ses chances d'avenir par pur caprice.

— Ça, je ne vous permets pas, monsieur. Vous n'avez pas le droit de me...

— Je vais me gêner ! Vous aurez de mes nouvelles... Par Madame le Principal. Tu viens, Jeanine ?

— Attends une seconde que je mette tout ça en mémoire. Voilà ! Au revoir, madame. À bon entendeur...

Encore sous le choc, Muriel fonce chez sa mère pour récupérer le petit. Et lui raconte la scène. Stupeur de Monette :

— Ils t'ont dit ça ? Vraiment ? Je n'en crois pas mes oreilles. Non, parce que tu ne peux pas savoir ce qui se passait de mon temps quand on était convoqués par les profs, nous, les parents. Tous coupables, tous responsables. Avec toi, pas trop de problèmes, tu étais très bonne élève. Mais avec ta cancre de sœur, c'était l'horreur. Si elle avait des mauvaises notes, si elle ne suivait pas en classe, c'était entièrement ma faute. Je sortais de là en compote. Je rentrais chez moi en rasant les murs, écrabouillée de honte. Je culpabilisais à mort.

— Toi ? Ça m'étonnerait !

— Mais si, parfaitement. Tu oublies qu'à l'époque, une mère divorcée, on la montrait encore du doigt. Alors, une fille mère... Et qui faisait l'actrice en plus, je te raconte pas ! Le prof, lui, la prof plutôt, te jugeait de tout son haut. Tu étais condamnée sans appel et tu... Quand je pense que toi — et tu me dis que tu n'es pas la seule — tu t'interdis de consulter le dossier des enfants pour ne pas te laisser influencer par leur situation de famille... Ils ne se gênaient pas les profs dans le temps !

— Arrête, maman ! Toi, ton cas était quand même un peu spécial, non ?

— En quoi ? J'étais une pionnière, voilà tout. De toute façon, jamais les parents normaux, normaux entre guillemets ne se seraient permis d'aller engueuler les profs. À peine si on se permettait de les critiquer devant les gosses. La maîtresse avait toujours raison. Fallait pas, surtout pas, saper son autorité. Que là, ils n'y sont pas allés avec le dos de la cuiller, dis donc !

— Pourquoi tu dis ça en rigolant ? Ça a l'air de te faire plaisir ce qu'ils m'ont sorti, ces sales cons.

— Mais, non, voyons, qu'est-ce que tu vas chercher ? Simplement, je ne peux pas m'empêcher de me sentir un peu vengée. Dommage que ce soit tombé sur toi.

Elle s'interroge, là, Ségo. Elle ne sait plus sur quel pied danser. Quand Vincent l'a quittée pour aller à ce dîner chez Monette, elle l'a mal pris. Elle lui a fait une scène à tout casser. Encore une. Une de trop. Il est parti, furieux, vexé, bien décidé à ne plus jamais remettre les pieds chez elle. Et le voilà qui revient deux heures après, furieux, vexé, bien décidé à ne plus jamais remettre les pieds chez lui.

— Tiens, qu'est-ce qui t'amène ? Je croyais qu'entre nous, c'était fini. N.I. Ni. Ta femme t'a viré ou quoi ?

— Non, c'est moi. J'en ai marre. Ras-le-bol C'est tout.

— De qui ? D'elle ou de moi ?

— Des deux, si tu veux savoir. Mais...

— Il n'y a pas de mais. C'est pas un hôtel ici, je te signale, alors tu te prends par la main et tu t'emmènes ailleurs, compris ? Non, mais...

— Il y a un mais, tu vois bien : Mais, je te préfère. Mais je t'aimerais encore mieux si tu arrêtais de me pomper l'air. Mais j'ai la dalle... Je me suis tiré avant qu'on passe à table. Mais, qu'est-ce que tu dirais de casser une petite graine en amoureux avant d'aller se coucher ?

— Demande pardon d'abord.

— Pardon de quoi ? J'ai rien fait. C'est toi.

— Comment ça, c'est moi ?

— C'est toi qui m'as agoni d'injures quand je t'ai dit que j'allais dîner chez ma belle-mère.

— Qu'est-ce que tu espérais ? Que je te chanterais « Je t'aime à en mourir » pour essayer de te retenir ?

— Par exemple, oui. Ça n'est pas en me traitant de tous les noms que tu pouvais m'inciter à... Bon, alors, demande pardon et viens... On va...

— Pas question. Toi, d'abord.

— Arrête ces enfantillages, tu veux, Ségo. Ça n'est plus de ton âge.

— Comment est-ce que tu oses me parler sur ce ton, après ce que tu as fait ?

— Quoi ? Qu'est-ce que j'ai fait ? Le con, oui, voilà ce que j'ai fait en revenant ici me faire incendier par une harpie.

— Tu sais ce qu'elle te dit, la harpie ? Retourne d'où tu viens et bon débarras... Allez, dégage... Ben, qu'est-ce que tu attends ?

— Très bien. Si c'est ça que tu veux, je...

— Ça, c'est pas mal ! C'est pas moi, c'est toi qui as dit que tu regrettais de ne pas être resté chez ta pétasse.

— J'ai dit ça, moi ? N'importe quoi. Tu ne sais vraiment pas quoi inventer pour nous pourrir la vie, ma pauvre fille !

— Pauvre fille toi-même, espèce de pauvre type !

— Retire ça tout de suite !

Elle a refusé. Il s'est braqué. Elle l'a nargué. Il l'a insultée. Elle l'a giflé. Il l'a empoignée. Et ils ont fini par s'enlacer, exaspérés l'un par l'autre, emportés l'un contre l'autre. Et par s'envoyer en l'air à la fébrile, à la brutale, à la va-vite. Et par retomber en porte-à-faux, encore un coup. Lui, avec un regard sombre, verrouillé. Elle, avec un sourire extasié, triomphant.

Elle est dans tous ses états, là, ma Muriel. Elle va être inspectée cet après-midi. Et elle le sait depuis huit jours, huit jours qu'elle n'en dort plus, qu'elle en a perdu le boire et le manger. Elle a le trac, le trac dans toute son horreur, le trac qui vous oppresse, qui vous élance, qui vous assomme, qui vous noue les tripes et vous vrille au milieu de la nuit : Qu'est-ce qui m'arrive, grand Dieu ? Ah, oui, c'est vrai, la visite de l'inspecteur vendredi !

Non, elle n'est pas la seule dans ce cas. Pour un enseignant, rien de plus dérangeant, de plus angoissant que la présence devant tous ses élèves qu'il note à longueur d'année d'un collègue chargé de le juger à son tour. Le grand oral de l'agreg, c'est de la bibine à côté. Seul maître à bord, distribuant récompenses et punitions, faisant classe comme bon lui semble, sans que personne ne s'autorise à y mettre le nez, il panique, pas toujours, attention, souvent, à l'idée de ce renversement des rôles, de ce regard sur ses méthodes et ses capacités. Un simple coup d'œil en fait. Un coup d'œil dont dépend la suite de son parcours, de sa carrière.

Remarquez, à l'étage de l'administration, bonne ou mauvaise, la réputation d'un prof n'est plus à faire. On n'ignore rien de ses qualités, de ses défauts. Simplement on ne les connaît que par ouï-dire. Ce qu'en disent les enfants qui s'en plaignent ou s'en félicitent. Ce qu'en disent les parents à qui leurs enfants ont dit...

Ce fameux vendredi donc, Muriel a vu débarquer dans sa classe de 6ᵉ, dix bonnes minutes après le début du cours, un petit binoclard fouineux, au crâne dégarni, au teint cireux, maigrichon, négligé. Il lui a fait un signe très sec de la tête avant d'aller s'asseoir, bloc et Bic bien en vue sur le pupitre, au dernier rang. Et elle a poursuivi tant bien que mal d'abord, avec plus d'assurance ensuite — Foutu pour foutu, tant pis, allons-y ! —, son exposé sur le comment et le pourquoi de la narration : Si le narrateur raconte sa propre histoire, il s'agira de quoi ? D'une autobiographie. Elle inscrit le mot au tableau noir. Et s'il invente une histoire, ce sera ou un conte, ou une nouvelle ou un roman... Prenez vos classeurs, partie « Rédaction ». Ça y est ? Bon, alors écrivez : Construction du récit.

Elle balaie sa classe du regard, en évitant soigneusement de le fixer sur lui. Lui qui note furieusement, qui noircit feuillet sur feuillet, front baissé, regard en dessous. Lui qui se renverse sur son banc pour nettoyer ses lunettes avec un Kleenex douteux et se redresse pour les remettre sur son petit nez de chouette. Sans se laisser démonter, elle pose sa craie et s'engage dans les travées qu'elle arpente en distribuant les remarques et les conseils comme à son habitude. Toute nouvelle, l'habitude. À Reil-les-Roses, jamais elle ne s'y serait hasardée, préférant faire cours dos au mur, face à l'ennemi.

— Fernando, on se tait. Et on écrit : Pre-
mièrement : Introduction. Il faut toujours indiquer
le lieu et le temps de l'action. Ce qui veut dire ?
Vanessa ? Oui, c'est ça. Où. Quand. Narration, ça
prend deux *r*, Cédric... Et préciser de qui il s'agit. Et
dans quelle situation il (ou elle) se trouve...
Imaginons l'histoire d'un marin. Il navigue où ?
Cédric ? Sur la mer, oui bien sûr, mais laquelle ?
Moi, je suggère la mer des Caraïbes. À quelle
époque de l'année ? Mettons, l'automne, d'accord ?
Oh là, oh ! C'est pas bientôt fini, ces bavardages ?

Si. D'abord impressionnés par la présence de
l'inspecteur, énervés malgré tout, agités — la journée, la semaine tirent à leur fin —, les enfants, les
garçons plus particulièrement, ont du mal à se
tenir tranquilles. Mais il aura suffi de cette légère
remontrance pour les rappeler à leur sens des res-
ponsabilités. Ils l'aiment bien, Mme Falguière, ils
l'aiment même beaucoup. Pas question de lui casser son coup. Alors ils vont jouer aux bons élèves,
tête studieusement baissée sur leurs cahiers ou
bras haut levé accompagné d'un M'dame !
M'dame non pas glapi, mais discret, poli pour
demander bien sagement l'autorisation de
répondre à ses questions. Mé-con-nais-sables !

Jusqu'à la sonnerie. Alors là, ruée vers la sortie.
Enfin libéré, tout ce petit bétail n'a rien de plus
pressé que de détaler, bruyante cavalcade, envol de
sacs et de blousons, échanges mal contrôlés d'onomatopées et de bourrades. Debout derrière sa table,
Muriel essaie vaguement de les calmer. Et puis y
renonce. Pas la peine, plus la peine. À son tour de
ramasser ses affaires avant de suivre en silence, à
demi morte d'appréhension, M. le juge au tribunal

pour enseignants, dans le petit bureau que Véro, la conseillère d'éducation, a laissé à leur disposition.

Là, il l'invite à s'asseoir non pas en face, mais à côté de lui. Et toujours sans piper mot sort son Kleenex. Enlève ses lunettes. Les essuie longuement, méthodiquement. Les rechausse. La regarde. Et se fend d'un sourire en fente de tirelire découvrant des dents noircies, gâtées, un mince sourire accompagné d'un froncement de sourcils perplexe. Muriel se tasse sur sa chaise... Ça veut dire quoi, ça ? Qu'est-ce qu'il va bien pouvoir lui sortir ? Eh bien, son étonnement d'abord. Oui, il ne s'attendait pas à voir... Il hésite, cherche ses mots... À voir une jeune... À voir quelqu'un d'aussi... Heu... d'aussi délicat, tenir sa classe avec autant de poigne. Et de doigté.

Son étonnement d'abord. Son approbation ensuite. Et je te balance d'une voix fluette des compliments gros comme un seize tonnes. Et je te félicite d'avoir mené cet exposé avec tant d'aisance, de méthode, de gaieté et de rigueur. Et d'avoir choisi cet exemple si parlant du marin pris dans un ouragan. Et de ta façon de faire participer les élèves ni trop ni pas assez, juste ce qu'il faut. Et je te trouve souple et ferme, sérieuse et drôle. Et j'admire ta présènce, ta bonne humeur, ton autorité et ta conscience professionnelle. Et je m'interromps pour enlever mes lunettes, souffler sur les verres, les essuyer distraitement avec le gros bout de ma cravate... Où en étions-nous ? Ah oui... Est-ce que vous pourriez me montrer le cahier de textes ? Voyons... Très bien tenu... Clair et détaillé... Riche, organisé et intelligemment conçu... Un vrai modèle.

Joli petit serpent sans venin, médusé par cet

improbable charmeur, Muriel se redresse sur sa chaise et le fixe, incrédule. Sous l'affreux freluquet à la mine chafouine, elle voit se profiler un prince de conte de fées, superbe et généreux. Un grand esprit perspicace, pénétrant. C'est Jean-Paul Sartre et elle a pour lui les yeux de Simone de Beauvoir au lycée du Havre.

18 h 30. Fin de l'entretien. Ils gagnent ensemble la sortie du collège. En silence. Un silence chaleureux, complice. Et là, qu'est-ce qu'elle voit garée le long du trottoir ? La BMW de Mister Burberry. Il en sort, plus séduisant que jamais, et lui sourit : Je me suis permis de venir vous chercher... Une fois n'est pas coutume... Mais, bon, aujourd'hui, sachant que vous deviez...

Un peu gênée, elle va pour le présenter à son chevalier blanc... Lequel s'éloigne sans lui en laisser le temps, après lui avoir jeté un « Eh bien, au revoir » surpris et apparemment déçu. Kerjean lui ouvre la portière de sa voiture, s'installe au volant, boucle sa ceinture et avant même de démarrer :

— C'était qui, cet avorton ? Un prof ?... Non ? L'inspecteur alors ? Une vraie tache, ce type, je n'ai jamais rien vu de plus moche de ma vie... Comment ça s'est passé ? Hé, ho, Muriel, où vous êtes, là ? Je vous parle... Qu'est-ce qu'il vous a dit ?

Et Muriel toujours sur son petit nuage :

— À moi ?

— Ben, oui, à qui d'autre ?

— Il m'a dit... Il m'a dit qu'il m'aimait.

— C'est une blague ou quoi ? Enfin, Muriel, sérieusement... Vous qui étiez si inquiète...

— Mais, c'est sérieux. Il m'adore. Il m'admire. Il trouve qu'il n'y a rien avant, rien après moi. Et en plus il va m'écrire. Je me demande quand je vais la recevoir sa lettre... Enfin, je veux dire son rapport. Vous vous rendez compte un peu ? Je ne peux pas le croire.

— Moi, non plus. À quoi vous jouez là ? À me rendre jaloux de cette fausse couche ? Pas la peine de vous fatiguer, vous n'y arriverez pas.

— Me fatiguer à essayer de vous rendre jaloux, vous ! Moi ? Mais, ça va pas la tête !

— Bon, allez, ne vous fâchez pas ! Il est sûrement très bien, ce monsieur... À l'intérieur ! C'est un homme de goût en tout cas. Où voulez-vous que je vous dépose ? Chez votre mère ? On a le temps de prendre un verre avant ?

— Certainement pas.

— Vous me dites ça sur un ton ! À croire que j'ai fait un impair en venant à l'improviste, que j'ai compromis le début d'une idylle... Vous ne me répondez pas ?

— Qu'est-ce que vous voulez que je réponde à ça ? C'est tellement con ! Et insultant ! Tenez, arrêtez-moi là... Je descends.

— Pas question ! Si je vous ai blessée, je vous demande pardon... On fait la paix ?... Allez, quoi...

— Pourquoi faire ? On n'a rien à se dire vous et moi. On n'appartient pas au même monde.

— Alors que votre mari, lui...

— Oui, parfaitement. Dans les mêmes circonstances, il serait aux anges lui aussi.

— Et vous, s'il vous parlait de son inspectrice, un affreux boudin, avec des étoiles dans les yeux, vous réagiriez comment ?

— Ça n'a rien à voir. Ce ne sont pas les mêmes rapports. Lui, c'est lui et vous...

— Moi, c'est pareil, si vous voulez le savoir... Je tiens terriblement à vous, j'aimerais qu'on puisse se voir davantage sans votre amie Carole et son jules... Sortir ensemble... Je crois que Quentin en serait très heureux.

— Écoutez, cher ami, j'aime beaucoup certains de mes élèves, mais de là à coucher avec leurs pères...

— Comme vous y allez ! Tout de suite, coucher ! On pourrait dîner avant, non ? Allez, ne faites pas cette tête-là ! Vous voyez bien que je plaisante...

— Ça n'est pas drôle. Moi qui étais si contente, si rassurée, vous m'avez tout gâché.

— Je suis désolé. Sincèrement désolé. D'autant que je suis vraiment ravi que tout se soit bien passé. Remarquez, je ne me faisais aucun souci, j'en étais sûr.

— Eh bien, pas moi. Je me faisais un sang d'encre.

— Raison de plus pour aller fêter ça en prenant un verre au Plaza. C'est sur notre chemin et j'en serais tellement heureux. Muriel, je vous en prie...

— Une autre fois. Là, il est tard, ma mère m'attend et...

— Permettez... Allô, madame Falguière, c'est Jean-Pierre Kerjean. Je n'ai pas encore l'honneur de vous connaître, mais je vous appelle de ma voiture pour vous demander la permission d'inviter votre fille à prendre un verre avant de vous la... Oui, elle est à côté de moi, je vous la passe.

— Allô, maman... Ça s'est très bien passé, oui, très... Je te raconterai... Non, là, tout de suite, j'arrive... Non, je ne veux pas y aller, je préfère rentrer... Et Jérémie ?... Bon, bon, OK, si tu y tiens tant que ça... À tout à l'heure, alors !... Vous avez gagné. Mais, c'est vraiment pour lui faire plaisir.

Huit jours plus tard, Muriel trouve un mot dans son casier. Un mot déposé chez la gardienne du collège par Jean-Pierre Kerjean. Un mot et très sec et très pressant : Quentin s'est suicidé. Il sera absent pendant toute la semaine. Si ce n'est pas abuser de votre temps, je voudrais vous voir de toute urgence. Je vous donne le numéro de mon portable. Appelez-moi.

Ce qu'elle a fait dans le quart d'heure. Oui, il s'agissait bien d'un suicide d'appel. Rentré tard le soir, son père l'avait cru endormi. Il l'était si bien que ne le voyant pas se lever le lendemain matin, Mister Burberry était allé le tirer du lit. Et l'y avait laissé, complètement ensuqué, une tablette de Stilnox vide sur la table de nuit. SAMU. Saint-Antoine. Lavage d'estomac. Rien de grave...

— Sauf que c'est dramatique. Pauvre gosse ! Je m'en veux terriblement mais je ne vois pas ce que je pourrais faire pour l'empêcher de recommencer. Il faut qu'on en parle, Muriel, il faut que vous m'aidiez. Vous aviez bien senti, vous, que ça n'allait pas. Vous êtes libre pour dîner ?

— Moi, oui. Mais pas vous.

— Comment ça, puisque je vous le propose ?

— Enfin, vous n'allez tout de même pas laisser Quentin tout seul ce soir pour sortir avec moi. C'est insensé ! Allez vous étonner après ça de ce qui est arrivé.

— Ça veut dire quoi, ça ? Que je ne peux plus voir personne, que je dois mener une vie d'ascète sous prétexte que mon fils de bientôt 15 ans ne peut pas se faire réchauffer une pizza sans être tenté de se jeter par la fenêtre, c'est ça ?

— Écoutez, cher ami, si c'est comme ça que vous le prenez, je préfère raccrocher. Je n'ai plus rien à vous dire.

— Non, non, ne raccrochez pas... Je vous demande pardon... je ne sais plus où j'en suis... Ou plutôt si... Au lieu d'aller dîner dehors, venez donc à la maison... Quentin, ça lui fera tellement plaisir... il vous adore... Moi aussi... Je vous en prie... Ah ! Et puis vous ne pouvez pas me dire non, c'est une question de vie ou de mort !

Désarmée par tant d'inconscience égoïste, puérile, Muriel va dire oui. Et se retrouver sur le coup de 8 heures du soir dans le salon sinistre, sans chaleur, sans personnalité, sans âme d'un grand appartement bourgeois du XVIIe arrondissement. Quentin est là vautré sur un canapé. C'est à peine s'il lèvera le nez de sa bande dessinée en la voyant se précipiter vers lui, émue, bras tendus... Bras retombés devant tant de froideur calculée, de toute évidence destinée à la tenir à distance. Du coup, Mister Burberry :

— Enfin, qu'est-ce qui te prend, voyons, Quentin ? Tu pourrais quand même te lever pour dire bonjour à Mme Falguière !

— Au revoir, madame Falguière. Je vous laisse

avec mon père. Je pense que c'est lui que vous êtes venue voir.

— Pas du tout ! Enfin, si, je suis venue vous voir tous les deux. Viens donc t'asseoir à côté de moi, qu'on puisse parler un peu. Je prendrais bien un verre de vin. Si vous alliez nous chercher ça, monsieur Kerjean.

— Monsieur Kerjean ! Vous m'appeliez par mon prénom, l'autre soir.

— Oui, mais, là, tu vois, elle n'ose pas. Elle a peur de me traumatiser en affichant votre liaison. Allez, salut, bonne nuit !

— Ça alors ! Mais qu'est-ce qu'il va encore s'imaginer, pauvre petit chat. Allez le chercher, voyons, Jean-Pierre ! Non, laissez ! Je vais y aller moi-même. C'est où, sa chambre ?

C'est une pièce sombre sur cour au fond du couloir. Une chambre tanière. Une chambre poubelle. Une chambre d'ado boudeur, rancunier et mal dans sa peau.

— Tu me fais une petite place dans ton foutoir, Quentin ? Je voudrais qu'on s'explique tous les deux... Voilà... Ça ira très bien... Merci. Tu ne penses tout de même pas qu'il y a quelque chose entre ton père et moi, dis ?

— Qu'est-ce que ça peut vous faire, ce que je pense ? De toute façon, je m'en fous, alors...

— Toi, peut-être, mais pas moi. Moi, je tiens à ce que tout soit bien clair entre nous... Ton père m'a dit ce qui était arrivé. Pourquoi tu as fait ça ? Il était bouleversé, tu sais.

— Lui ? À peine un peu emmerdé, oui ! J'ai été con aussi ! J'aurais dû en prendre plus, des cachets. La prochaine fois...

— Tu te tireras une balle dans la bouche, c'est ça ? Sois raisonnable, voyons, mon grand. Faut que tu t'y résignes : tu as un père-fils. Moi pareil, ma mère, c'était une femme-enfant. C'est moi qui l'ai élevée, qui m'en suis occupée quand j'étais petite. Elle était moins égoïste que ton père, ça, d'accord. elle était très mignonne, mais bon, elle ne s'occupait de rien, elle n'arrêtait pas de sortir, elle m'en faisait voir de toutes les couleurs. Et j'avais une petite sœur à charge en plus. Alors que toi avec un père unique, tu dois pouvoir t'en tirer.

— C'est quand même pas normal.

— Oh, tu sais, normal... C'est quoi, une famille normale ? Ça n'existe plus de nos jours.

— Si, quand même... Vous n'étiez pas toute seule, il y avait votre père, que moi...

— Penses-tu ! J'en ai jamais eu, moi, de père. Et ça m'a beaucoup manqué, c'est vrai. Elle te manque aussi, ta mère ?

— Sûrement pas. Une belle salope, oui ! Elle a nous a quittés mon père et moi pour rien, pour aller avec un type infect.

— Qu'est-ce que tu en sais ? Ce que ton père t'en a dit ? Faut peut-être en prendre et en laisser.

— Pourquoi il me raconterait des histoires, mon père ?

— Pour se faire bien voir. Les mômes, tu les connais : « C'est pas moi, m'dame, c'est elle. Elle fait que de me traiter. » Tu vois, ça te fait rire... Si tu l'appelais ?

— Qui ça ?

— Eh bien, ta mère.

— Pour lui dire quoi ? D'abord, elle est même pas là. Elle vit en Argentine avec ce type.

— Dommage, je suis sûre que tu lui manques aussi. Et même beaucoup.

— Ça m'étonnerait ! Autrement, elle serait pas partie comme ça, sans chercher à me revoir ni rien.

— Elle ne voulait peut-être pas s'inscrire en faux contre ton papa, te monter contre lui, tout ça... Si tu lui écrivais ?

— À qui ? Qu'est-ce que vous complotez, là, tous les deux ?

— Ah, vous voilà, Jean-Pierre ! Le dîner est prêt ?

— Ben, non, je vous attendais... Les spaghetti bolognaise, c'est la spécialité de Quentin, alors je préfère le laisser faire. D'autant que, moi, la cuisine...

— Bon, bon, j'y vais. Si tu mettais le couvert pendant ce temps-là, mon petit papa ? Et fais gaffe à rien casser. Tu laisses tout tomber. Il m'a encore cassé deux verres dimanche dernier.

Alors Muriel :

— Ah là là, ces gosses ! Tu ne le tiens pas assez serré, le tien, Quentin. Tu es trop permissif. Tu le laisses sortir tous les soirs et tu t'étonnes de te retrouver tout seul. Faut lui imposer des horaires fixes : 20 heures en semaine. Minuit le samedi. Sinon pas de foot à la télé pendant un mois.

— Tu as entendu, papa ? Alors, tiens-le toi pour dit.

Pendant les jours, les semaines qui ont suivi le départ de Vincent, Muriel a fait comme si de rien n'était. Pas facile, je sais, mais, bon, elle a pris sur elle. Toute à sa volonté, à sa ferme intention de le récupérer, elle a joué sans une fausse note, sans un faux pas, son rôle de jeune et jolie femme, compréhensive, amicale, épanouie par une certaine réussite professionnelle, trop courtisée pour ne serait-ce que remarquer l'absence de son mari et si bien entourée par ses proches et ses copines qu'elle n'éprouve plus la moindre envie de reprendre la vie commune.

Et voilà qu'à la sortie d'un cours marqué par l'absence répétée de deux élèves, virtuoses de l'école buissonnière, elle fonce, décomposée, ivre de rage, dans le bureau de Mme Rivière, Véronique Rivière, la CPE... Cherchez pas, c'est le surgé de notre enfance, mais anobli, élevé aujourd'hui au titre de conseiller principal d'éducation. En l'occurrence un ravissant petit bout de femme énergique, enjouée, toujours d'humeur égale. Une amie de Carole, la sienne aussi depuis peu. À présent, elles vont souvent déjeuner dans le quartier toutes les trois pour se raconter le feuilleton de leur vie : Attends, j'ai raté un épisode là, mon petit chat... T'as pas appelé Vincent chez sa pouf quand même ?

— Qu'est-ce qui se passe, Muriel ? Tu as un problème ?

— Non, c'est toi !

— Ah bon, première nouvelle ! Et c'est quoi, mon problème ?

— C'est le fait que tu supportes l'insupportable. Moi, je ne peux pas accepter que les enfants choisissent de venir au collège ou pas selon leur bon plaisir.

— Attends ! De qui tu parles, là ?

— En l'occurrence de Bergé et Foucauld, deux élèves de...

— Oui, je connais. Ils sont souvent absents sans justification, c'est vrai, mais faut se mettre à leur place. Les parents ne sont jamais là. Alors les mots d'excuses... Remarque, c'est pas les seuls. J'ai un élève de 5e, sa mère est allée passer le week-end à Courchevel avec son ami. Elle est partie le vendredi soir sans prendre le temps de remplir le frigo. Et comme elle n'avait plus assez d'argent liquide, elle lui a laissé sa carte bleue. Tu te rends compte un peu ? Un gamin de 13 ans ! Il a prétendu qu'on la lui avait piquée pour ne pas se faire engueuler, mais je suis persuadée qu'il l'a paumée tout simplement.

— Ouais, j'ai entendu parler de cette histoire. C'est pas la première, je te signale. Et ça n'est pas une raison pour...

— Pour te mettre dans un état pareil, Muriel, alors là d'accord ! Enfin, qu'est-ce qui ne va pas, mon chat ? Tu en as marre de jouer les joyeuses divorcées et au lieu de t'en prendre à Vincent, tu te défoules sur ces deux petits cons, c'est ça !

— Ah, non, ça, je ne te permets pas, Véro ! Ça n'a rien à voir. C'est une question de principe. Et de mentalité. On en est arrivé au point où l'école et la SNCF se sont rejointes dans l'esprit de l'usager. Les gamins entrent en CE1 comme on monte dans un TGV avec des sandwiches et des bandes dessinées. Et ils attendent du service public qu'il les amène à destination, le bac ou Marseille, c'est pareil... Tu as même des lycéens qui trouveraient normal qu'on les paie pour étudier. On paie bien les profs pour enseigner ! Va t'étonner après ça qu'ils sèchent les cours... Après tout, c'est du bénévolat !

— Et Vincent a fait pareil hier soir, c'est ça ? Il a fait l'école buissonnière, il devait passer te voir et il n'est pas venu, hein ? Allez, avoue.

— Oui, bon, tu as gagné. C'est pas la première fois non plus, mais là, va savoir pourquoi, je l'ai très mal pris. Ça m'a mise hors de moi. Au lieu de gueuler comme un âne quand il s'est décommandé, ce qui m'aurait soulagée, j'ai essayé de prendre sur moi, de ne rien montrer. Et j'y ai si bien réussi que, par contrecoup, je n'en ai pas dormi de la nuit. Alors ce matin...

— Je sais ce que c'est, ma pauvre chérie, j'ai été prof, moi aussi. Dur, dur de tenir une classe quand on n'est pas au top de sa forme. On s'énerve pour un rien et...

— C'est pas pour un rien, quand même, Véro ! On ne peut pas tolérer que les enfants entrent et sortent du collège comme on va au café. Et que leurs parents nous prennent pour des distributeurs de notes. Bonnes de préférence... C'est comme ce salaud de Vincent. Quand il passe à la maison, c'est ou parce que sa pouf l'a viré ou parce qu'elle est de sortie. Et qu'il en profite pour se donner bonne conscience à bas prix.

— Alors là, Muriel, je crois que tu es complètement à côté de la plaque. Il vient parce qu'il tient à toi et à Jérémie et parce qu'il en a ras le bol de sa bonne femme.

— Qu'est-ce que tu en sais ?

— Ce que me laisse entendre ton attitude envers lui. Jamais tu ne tiendrais le coup si tu n'étais pas persuadée qu'il te reviendra bientôt.

— Vous croyez vraiment, m'dame Courrier du cœur ? Remarque, t'as peut-être raison, mais il y a vraiment des jours où j'en ai marre. Marre de tout. Marre de cette situation en porte-à-faux et chez moi et ici. Quand je pense à l'idée que je me faisais d'un bon collège à Paris, loin des banlieues à problèmes, avec des élèves motivés, pleins de bonne volonté et des parents reconnaissants, pleins d'admiration, je suis drôlement déçue, tu sais. Au point même de me demander si je ne devrais pas...

— Si tu ne devrais pas quoi ?

— Rien, rien ! Oublie ce que je viens de dire.

— Mais tu ne m'as rien dit justement. Tu veux quitter le métier ou quoi ?

— Non, je me disais que je devrais peut-être... Que je devrais... Retourner à Reil, voilà !

— Ça alors ! Tu parles sérieusement ?

— Oui, très sérieusement. Tu sais, j'ai beaucoup réfléchi. Qu'est-ce que je risque ? Les élèves, à présent, je crois savoir comment les prendre et...

— Et Vincent, là, maintenant, tu es sûre de pouvoir le reprendre, c'est ça ? Réfléchis quand même... C'est un quitte ou double.

Elle parle sérieusement là, ma Muriel ? Elle envisage vraiment de retourner à Reil-les-Roses ? Eh bien, oui, figurez-vous. L'idée lui en est venue, comme ça, fugitive, une bouffée de nostalgie, de regret mêlé de honte. Si elle a pris la fuite, si elle a abandonné la partie, c'est parce qu'elle n'était pas à la hauteur, elle s'en rend bien compte à présent. Et puis, bon, l'idée, elle l'a écartée : trop risqué, trop compliqué. Comment est-ce qu'il le prendrait, Vincent ? Mal forcément. Rien qu'à la pensée de lui en parler...

— Lui en parler ? Pourquoi ? Vous avez besoin de sa permission pour changer de poste ?

Rondeau... Vous vous souvenez de Rondeau, le principal adjoint de Raymond-Fourneron, Rondeau, son vieux, son malicieux complice... Rondeau, rencontré tout à fait par hasard à la FNAC Montparnasse, qui l'a invitée à prendre un verre à la terrasse d'un café rue de Rennes, Rondeau s'étonne :

— Je croyais que vous étiez séparés.

— Ben, oui, justement. Je ne voudrais pas lui donner l'impression de l'envahir, de chercher à le reconquérir.

— C'est pourtant bien de ça qu'il s'agit, non ?

— Non, pas du tout... Enfin, pas uniquement. Je vous l'ai dit, avant je rêvais d'un collège normal, normal entre guillemets, et là je me rends compte que... J'ai un de mes élèves, bonne bourgeoisie friquée, une famille éclatée, ses parents ont divorcé, il a essayé de se tuer.

— Mais, il s'est raté, OK ? Qu'est-ce que vous diriez à ma place : une petite Maghrébine de 14 ans, cloîtrée par ses frères. Fatima... Non, celle-là, vous ne l'avez pas eue. Il y a deux mois, à la sortie des classes, elle me dit : Au revoir, m'sieur, vous ne me reverrez plus. Moi, au lieu de lui demander pourquoi, je la laisse filer. Elle rentre chez elle au dernier étage de la cité. Et elle en ressort par la fenêtre. Elle n'avait pas d'autre issue. Je n'arrive pas à m'en remettre. Ses professeurs non plus.

— Oui, je sais, c'est affreux. Mais il n'y a pas que ça. Il y a l'attitude des parents consommateurs qui vous engueulent sous prétexte que vos cours ne sont pas à la hauteur. D'accord, dans l'ensemble, les enfants sont plus attentifs, plus motivés, mais...

— Mais, il y a d'autres inconvénients, c'est ça ? Que voulez-vous, on ne peut pas tout avoir : des élèves disciplinés et des parents compréhensifs.

— D'abord disciplinés, ils ne le sont pas tant que ça. Même à Paris, les espaces protégés se font de plus en plus rares.

— Peut-être, mais on ne peut pas comparer avec Reil.

— Si, moi, je peux. Et maintenant que je sais comment les prendre, tant qu'à faire, j'aurais bien aimé retenter ma chance en banlieue. C'est quand même plus utile, donc plus valorisant sur un certain plan... Maintenant je commence à comprendre, à admirer même ce côté les-gosses-n'ont-jamais-tort, qui m'énervait tellement... Voyez ?

— Oui, très bien. Mais pourquoi vouloir entrer dans les ordres à Raymond-Fourneron plutôt qu'ailleurs ? Vous n'auriez que l'embarras du choix... Vous y tenez donc tant que ça, à Vincent ?

— Ben, oui, encore assez. Mais, bon, je disais ça comme ça. Une idée en l'air. Je n'ai pas vraiment l'intention de demander ma mutation, ce serait du dernier grotesque.

— Je n'en suis pas si certain. Ce serait peut-être tout profit au contraire. Pour vous. Pour les enfants. Pour...

— Pas pour Vincent tout de même !

— Va savoir ! Pour moi, en tout cas... Enfin je veux dire, pour tous les collègues. Le fait qu'une agrégée choisisse de reprendre le combat à nos côtés après avoir déserté, ça nous conforterait dans la très haute idée que nous avons de nous-mêmes ! Personnellement, j'en serais très flatté. Pensez-y.

— Pour de vrai ?

— Non, pour de faux... De vrai faux.

C'est les vacances, les grandes. Et la chaleur, la grosse. Monette et Pépé Polo prennent leur petit déjeuner sur la terrasse à l'ombre du platane, Jérémie sur les genoux.

— Où il est, tong papa, hé, mon bébé. Au fong de son lit ? Dormir jusqu'à midi à son âge, si c'est pas malheureux putaing cong. Ça ne lui ressemble pas, ça, au fistong. Té, va donc avec ta grand-mère que j'aille lui secouer les puces.

— Non, n'y va pas, Paolo, laisse-le couver son chagrin.

— Chagring ?

— Dépit, si tu préfères. Il maronne ici tout seul, normal. D'autant que Muriel... Elle m'a encore appelée ce matin pour prendre des nouvelles du petit... Elle avait une bonne voix, détendue, enjouée, mais...

— Mais une mère juive, ça ne la trommmpe pas, pas vrai ?

— Arrête, Paolo, ma juiverie n'a rien à voir là-dedans. Je la connais, ma fille. Et sous ses petits airs dégagés, je la sentais très réservée, très gênée. Carole et Laurent ne savent pas quoi inventer pour la laisser seule avec son Mister Burberry et...

— C'est bieng ce qu'elle voulait, putaing cong ?
Personne l'obligeait à le fuire, le Vinceng. À se
sauver la veille de son arrivée pour aller se jeter
dans les bras de ce blang-bec sur le retourrre. À
Sang-Tropé en plussse !

— Elle n'est pas à Saint-Tropez, la maison des
parents de Carole, voyons, elle est à Beaulieu.

— Et alorre, quelle différence ? La cottte, c'est
la cottte. Et c'est l'horrreure au mois d'a-oût. Pas
vrai, Pitchoune ? Pas vrai que t'es mieux là avec
ton pépé et ta mamy ? Quand je pense qu'elle voulait t'emmener rieng que pour pas te laisser à
Vinceng putaing cong... Et c'est pas ta grand-mère
qui t'aurait retenu, va ! Si j'avais pas mis mong
pied par terre, tu serais en traing de jouer sur du
sable pleing de seringues et de crottes de chieng à
l'heure qu'il est... Il y a vraimeng des joures où je
me demande à quoi vous jouez, toi et ta fille, ma
Belle...

— Franchement, je n'en sais plus trop rien non
plus. Il y a encore trois mois, je t'aurais dit, à sauver son couple, mais, là, il va si mal que...

— Tu le couves trop aussi, leure couple, ma
Belle. T'arrêtes pas de lui prendre la température :
Tieng, elle est encore tombée... Il me fait plus
qu'un 37°2 le soire... Faut appeler le médecing.
Seulement, là, tu es mallle tommmbée avec ce
charlatang de Beurrrebeurrry ! Un pompier pyro-
mane putaing cong ! !

— Peut-être, mais c'est tout ce que j'avais sous
la main. Et c'est pas toi qui m'aurais aidée à le soi-
gner, leur couple. Tout juste si tu n'as pas suggéré
à Vincent de nous amener sa pouf ici cet été !

— Moi ? Sa pouffe ? Mais où tu vas, là, Monette ?

Jamais de la vie... Tu veux que je te dise ? Moi, ce qui me fait souci, là, maintenang, c'est pas leur couple, c'est le nôtre.

— Pourquoi ? Qu'est-ce qu'il a ?

— Je le trrrouve um peu nerveux, um peu bizarre. Et il y a plus grave, il a perdu l'appétit, si tu vois ce que je veux dire...

— Arrête, chéri, c'est pas parce que cette nuit, je n'avais pas tellement envie que...

— Que si ! La première fois que tu fais l'amour, ça tu le sais, mais la dernière, ça tu peux pas le savoir putaing cong.

— N'importe quoi ! Allez, viens m'embrasser, espèce d'idiot... Attention, tu vas renverser le café !... Ce que tu peux être maladroit, mon pauvre Polo ! Ça part pas, ces taches-là, voyons !

— Et voilà ! Mon povre Polo ! T'as vu um peu comme tu me parles ?

— Bonjour ! Qu'est-ce qui se passe ? Vous n'êtes pas en train de vous disputer, j'espère.

— Si, justemeng. Et tu sais à cose de quoi ? À cose de toi, bougre de cong. Ton couple, tu t'amuses à le foutre en l'air et c'est sur le nôtre que ça retombe. Je me demande si c'est pas contagieux, cette sale maladie du désamourrre. Non, non, touche pas au petit... Manquerait plus qu'il me la fasse, lui aussi putaing cong !

Elle a vu juste, Monette. Sa fille n'est pas plus heureuse à Beaulieu au mois d'août qu'elle ne l'était à Valmoissan au mois de juillet. Pour la même raison : l'absence de Vincent. Elle l'est même beaucoup moins. Pour une autre raison : l'absence de son gamin. Ça avait beau avoir été calculé pour — ils auraient la garde alternée chez

Pepe Polo pendant les grandes vacances —, Muriel n'arrête pas de se demander ce qu'elle fait sur cette plage noire de monde avec Carole, Laurent et leurs trois fillettes, très mignonnes, très jolies, OK, mais bon... Sans parler de Quentin, si content — il est allé passer le mois de juillet chez sa mère en Argentine —, si touchant, d'accord, mais bon... Et je ne te raconte pas Mister Burberry, son soupirant de père.

C'est fou ce qu'il peut être collant, celui-là. Pire que le sable grisâtre ratissé de frais chaque matin, jonché de mégots et de capsules de bière en fin de journée, qui saupoudre sa serviette de bain, adhère à sa crème solaire, se glisse dans ses affaires et la dégoûte et l'insupporte. Vous me direz : Elle savait à quoi s'en tenir en acceptant l'invitation de Carole, non ? Oui, bien sûr... Encore que non, pas vraiment. C'était une bonne idée, au départ, une idée géniale, le meilleur moyen de faire la nique à son mari, tout en goûtant les plaisirs tout neufs pour elle des trois S.

Seulement voilà, le sable, pouah ! Le soleil, ouille ! Et le sexe, niet ! En revanche, les repas pour huit ou neuf à acheter et à préparer, la vaisselle à faire et à ranger, la table à mettre et à débarrasser dans une horrible petite salle à manger qui sent le renfermé au lieu de se détendre à la terrasse d'un bistro, au clair de lune, ça, elle y a droit, oui. Trois fois (par jour) oui !

Et il y en a encore pour trois semaines. Trois semaines à se sentir prisonnière d'une situation qu'elle a créée de toutes pièces et dont elle ne peut s'échapper sauf à perdre une partie dont l'enjeu lui tient terriblement à cœur. Pas question de revenir à Valmoissan, ventre à terre, pauvre petite chienne perdue sans son maître. Pas question non plus de se priver de son Joker en décourageant les avances de Mister Burberry. Si tant est que l'homme de Neandertal, pas mal foutu, mais poilu comme un singe, qui est venu s'étaler auprès d'elle, trop près d'elle, le premier jour, sur la plage, mérite encore ce surnom.

Alors, elle l'allume son Jean-Pierre et l'éteint et le rallume, faute de pouvoir le mettre en veilleuse. Exemple :

— Si on allait se baigner, JP ? Il fait une de ces chaleurs. J'ai peur d'attraper un coup de soleil.

— Mais j'en viens ! Et quand je vous ai demandé de venir avec moi, vous ne m'avez même pas répondu.

— Vous m'avez demandé de... ? Première nouvelle ! Je n'ai rien entendu de pareil. Pourquoi est-ce que j'aurais refusé ? Allez, venez, j'adore me baigner avec vous. Ça me rassure, parce que moi, depuis que j'ai vu *Les Dents de la mer*...

— Bon, OK... Tiens, vous avez une tache de goudron sur la fesse gauche... Attendez, je vais vous nettoyer avec un peu de Baby Oil...

— Non, non, pas la peine... Carole, regarde un peu, elle est vraiment dégueulasse, cette plage... Enlève-moi ça, tu veux... Allez-y sans moi, Jean-Pierre, j'ai plus envie...

Ou encore :

— Garçon, l'addition, s'il vous plaît ! Ça vous a plu, ce dîner, Muriel ? C'était bon, non ? Voyez que j'ai bien fait d'insister. Je commence à en avoir un peu assez de ces repas en famille, pas vous ?

— Oui... Enfin non, pas vraiment, ils sont si

gentils... Encore que ça fasse vraiment beaucoup
de boulot... Du coup ça m'embête de laisser
Carole s'appuyer ça toute seule... Si encore on
pouvait manger à la cuisine, elle est bien plus
sympa que... Mais, bon, elle est trop petite...
Pourquoi vous me regardez comme ça sans rien
dire ?

— Pour le plaisir. C'est fou ce que vous êtes
jolie.

— Vous trouvez ? Vraiment ?

— Non, pas vraiment. J'essaie de vous emballer,
alors je suis bien obligé d'y aller de mon compli-
ment.

— Voyez comme vous êtes !

— Je suis fou de vous, voilà comme je suis..
N'oubliez pas votre écharpe... Si on allait se bala-
der sur la plage ? Il est encore trop tôt pour rentrer.

— Je ne sais pas... Je déteste avoir du sable
entre les doigts de pieds.

— Bon, ben, alors allons prendre un dernier
verre au Saint-Régis en passant par le bord de
mer... Regardez ce vieux couple qui se tient par la
main... Là... Ils viennent vers nous... Touchant,
non ?... C'est dingue, toutes ces étoiles... On ne
profite pas assez de la nuit, ici... Vous ne dites rien ?
À quoi vous pensez, là ?

— À rien.

— C'est pas gentil, ça.

— En quoi ?

— En rien... Enfin, si, en tout. Voilà des mois
que je vous fais la cour, sans oser dire un mot, faire
un geste déplacé, comme au siècle dernier. Je n'en

peux plus, moi, de... Si je ne vous plais pas, il n'y a qu'à le dire et je repars demain.

— Si, bien sûr que si, vous me plaisez, vous le savez bien.

— Et comment je le saurais ?

— Je ne sais pas... Ça se sent, non, quand quelqu'un...

— Vous aime ? Oh, mon cœur !

— Non, pas comme ça... Lâchez-moi... Lâchez-moi, je vous dis.

— Bon, bon, OK, j'ai compris. Je ne vous embêterai plus.

— Mais qui vous parle de m'embêter, voyons, Jean-Pierre ? C'est simplement que ça m'intimide de me laisser embrasser pour la première fois, comme ça, en pleine rue... Ça peut attendre un tout petit peu, non ?

— Jusqu'à quand ? Le retour à la villa ?

— Devant les enfants ? Vous n'y pensez pas.

— Ni devant les enfants, ni sur la plage, ni dans la rue, ni au restaurant... Où alors ?

— Je ne sais pas... Dans votre voiture, par exemple.

— Mais, je n'en ai pas, moi, de voiture, ici, vous le savez bien... Remarquez, je pourrais en louer une et vous emmener vous baigner dans les calanques.

— Ah, quelle bonne idée ! C'est les gosses qui vont être contents...

Raymond-Fourneron, le jour de la rentrée. Tôt le matin. La déferlante des élèves se bouscule, s'agglutine devant les grilles encore cadenassées du collège. Mal réveillé, pas rasé — il avait peur d'être en retard —, Vincent, lui, fait irruption dans la salle des profs et, sans regarder ni à droite ni à gauche, fonce sur la machine à café. Fouille dans la poche de son jean... Tiens, il croyait pourtant avoir de la monnaie... Plonge dans l'autre... Rien non plus...

— Je peux t'aider, Vincent ? Bouge pas, j'ai ce qu'il faut.

Il se retourne... Non, c'est pas vrai... Assise derrière la table du fond... Muriel !

— Ça, alors ! Qu'est-ce que tu fais là ?

— Ben, tu vois bien... J'attends le début des cours.

Et sans plus lui prêter attention, elle se remet à bavarder avec Didier Machin comme si de rien n'était. Machin, lui, jette un regard en coin, un regard rigolard sur son copain sidéré.

— Tu veux que je te les prête, moi, Vincent, les 2,50 F ? Tiens, prends ! Pas de malaise... Je n'en ai pas besoin, là, dans l'immédiat. Tu me les rendras quand tu pourras machin. Prends, je te dis !

L'autre reste planté là sans bouger ni pied ni patte, les yeux braqués sur sa femme. Une femme très femme. Joliment bronzée, les cheveux dans le dos, la taille prise dans une petite robe ajustée au lieu d'être dissimulée sous l'énorme pull informe d'antan. Une femme détendue, animée, à cent millions d'années-lumière de la gamine boudeuse et crispée qui enseignait ici l'an passé. Il reste planté là, incrédule, stupéfait.

— Enfin, Muriel, tu vas m'expliquer ? Tu aurais pu me prévenir tout de même, non ?

— Quand ? Où ? Comment ? À quelle occasion ? On ne s'est pas vus, pas parlé depuis début juillet. C'est pourtant pas faute d'avoir laissé des messages sur ton répondeur au retour des vacances. Tu n'avais qu'à rappeler.

— Je ne les ai pas eus, tes messages, figure-toi ! Ta mère t'a pas dit ? Mon répondeur est détraqué. Et de toute façon, ça n'est pas d'hier que tu as demandé ta mutation. On aurait pu en discuter en...

— Il n'y avait pas matière à discussion, je regrette. C'était à moi seule de prendre la décision.

— Sans m'en parler ? Sans... Enfin, tu ne te rends pas compte ! T'es folle ou quoi ?

Elle s'est levée et ils se font face de part et d'autre de la longue table discrètement désertée par les collègues, Machin en tête. Ils s'affrontent comme s'ils étaient seuls au monde, emportés par une tumultueuse passion de rancunes et de regrets. Quand ils sentiront — ça a sonné, mais ils

n'entendent, ils ne voient rien de ce qui se passe
autour d'eux — la pièce se vider à la hâte, ils vont
se secouer, se redresser, se décrocher l'un de
l'autre, se séparer sur un « Bon, ben, on verra ça
tout à l'heure » plein de lasses, de sourdes
menaces, grommelées par Vincent. Qui rejoindra
distraitement sa classe au premier étage d'un pas
lent, lourd de non-dits, hésitant. Tandis qu'elle
rameutera la sienne dans la cour d'un ton vif et
sans réplique.

Curieusement, l'heure du déjeuner les réunira
ensuite pour mieux les séparer. Ils ne chercheront
pas à faire la queue ensemble, plateau en main,
devant les verres, couverts, morceaux de pain,
carafe d'eau, portion de salade mélangée ou
d'œuf mayo, assiettes tendues vers une énorme
louche de poule au riz gluant. Et s'attableront aux
deux bouts de la petite salle à manger, Formica et
bois blanc, réservée aux enseignants.

Muriel a trouvé une place sous la fenêtre entre
Mme Rolland et Rondeau, un Rondeau enchanté,
empressé. Arrivé peu après, Didier sur les talons,
Vincent, lui, va poser son plateau à la première
table venue, une table que viennent de déserter
trois filles de l'administration.

— Enfin, Vincent, qu'est-ce qu'il y a machin ?
Tu m'en veux ou quoi ? C'est quand même pas ma
faute si Muriel, machin... J'y suis pour rien, moi.
Tiens, voilà Ségo... Ça n'a pas l'air d'aller, dis
donc... Tu veux que je vous laisse ?

Elle a fait irruption dans la pièce. Elle l'a
balayée du regard. Et elle a foncé droit sur
Vincent. Il lève le nez de son assiette et l'y
replonge aussitôt pour éviter le sourire écrasant de

mépris vengeur, de colère contenue que lui jette de tout son haut cette tornade blanche de fureur :

— Tu viens, Vincent ? J'ai à te parler.

On le sent qui hésite, horriblement gêné, très emmerdé : S'il la suit, toutou obéissant, bien dressé, il aura l'air d'un con. Et s'il refuse d'obtempérer, il aura droit à la grande scène de l'acte III, une scène très attendue, sournoisement guettée, par un public attentif et averti. Que faire, bon Dieu ?

— Alors, Vincent, tu te décides ?... Tu viens ou pas ?... Tu préfères qu'on s'explique ici, là, tout de suite ?

— Si vous voulez une explication, Ségolène, ça n'est pas à lui qu'il faut la demander, c'est à moi. On pourrait peut-être aller parler de ça tranquillement, toutes les deux, dans votre bureau. Qu'est-ce que vous en dites ?

Et sans attendre de réponse, Muriel, qui a surgi comme par enchantement, la prend par le coude et l'emmène. Vincent se dresse alors, va pour les suivre, follement inquiet. Hésite encore, puis retombe sur sa chaise, lâchement soulagé. À Dieu vat...

À bout de nerfs, hors d'elle, Ségolène tripote nerveusement son trousseau de clés à la recherche de celle qui ouvrira la porte de son petit bureau, se trompe, finit par trouver la bonne, entre et invite du geste — elles n'ont pas échangé un seul mot en chemin — Muriel à s'asseoir.

— Pas la peine. J'en ai pour une minute. Je voulais simplement vous dire que Vincent n'est pour rien dans le fait que je sois revenue ici. Il en a été le premier surpris ce matin. Si je l'ai fait, ça n'est pas pour vous brouiller, pour le récupérer, tout ça, c'est...

— C'est pour le plaisir de vous faire maltraiter par vos élèves et mal voir par vos collègues, hein, c'est ça ? Vous vous foutez de moi ou quoi ?

— Si vous le prenez sur ce ton, inutile que je me fatigue à vous expliquer...

— Non, vaut mieux pas. On n'a rien à se dire vous et moi.

— Comme vous voudrez. N'empêche, vous faites complètement fausse route là... Vincent, vous l'avez voulu, vous l'avez, grand bien vous fasse. Je vous le laisse.

— Non, non, reprenez-le, je vous en prie. Je n'en ai plus aucun besoin et je suis sûre qu'il pourra vous faire encore de l'usage.

— Je ne me permettrais pas... Il est à vous. Alors, relax. Inutile de vous mettre dans des états pareils. Ça n'est pas comme ça que vous réussirez à le garder.

— Non, mais je rêve ! C'est vous qui allez m'expliquer comment garder le mec qui vous a plaquée, peut-être ? De toute façon, je n'en veux plus, combien de fois faudra-t-il vous le répéter ?

— Vous êtes sûre ? Non, parce que je ne voudrais pas vous en priver. Donné c'est donné, repris, c'est volé... Sûre et certaine ? Bon, ben, je vous remercie.

— De rien.

Le soir même, en arrivant chez Ségolène, Vincent trouve toutes ses affaires entassées sur le palier. Il les enjambe. Va pour entrer. Se ravise. Fait demi-tour. Sort son portable. Commande un taxi. Y empile sacs et cartons. Et se fait conduire à l'hôtel.

Comment ne pas décourager un mec qui vous poursuit de ses assiduités ? En l'encourageant. Traduisez en lui cédant. À notre époque, difficile malgré le sida, le nouveau romantisme tout ça, de prolonger l'attente enfiévrée d'un homme normalement constitué au-delà d'un certain temps. Muriel a tenu quatre ou cinq mois, ce qui n'est déjà pas si mal, et puis là, à la fin des vacances dans le Midi, voyant qu'il était sur le point de renoncer, amer, dégoûté, elle a accepté de rentrer à Paris un peu plus tôt que prévu avec Mister Burberry. Les Chabrol se chargeraient de ramener Quentin. Un Quentin, il la vénère là, maintenant, qui serait bien content de l'avoir pour belle-mère.

Avec Kerjean, mais pas chez lui. Ni chez elle. À l'hôtel. Il avait immédiatement cédé à ce caprice, touché par tant de scrupules. Sans doute ne voulait-elle pas inscrire « leur histoire » dans un cadre déjà habité, hanté par le fantôme de leurs amours mortes. Il y avait de ça, c'est vrai. Muriel éprouvait une véritable répulsion à la pensée de mettre Mister Burberry dans le lit de Vincent. Son lit à elle, elle si seule, là, maintenant, mais bon, son lit à lui quand même. Quant à s'envoyer en l'air chez

Kerjean, dans la pénombre triste et froide de ce grand appartement sur cour, il n'en était pas question non plus.

Bon, alors, l'hôtel, un de ces hôtels dit de charme naturellement, couvre-lit en chintz, poutres apparentes et baignoires à l'ancienne. Sauf qu'ils sont tous complets pendant le dernier week-end d'août. Si bien qu'arrivés à Orly, c'est l'adresse du Hilton qu'il a donnée au chauffeur de taxi à la stupeur consternée de Muriel : « Le Hilton ? Mais, c'est moche, c'est impersonnel. c'est froid. »

Eh bien pas tant que ça, figurez-vous. Ils se sont contentés d'y déposer leurs sacs de voyage avant d'aller prendre un verre au bar anglais du Plaza suivi d'un dîner au son des balalaïkas, copieusement arrosé à la vodka dans un restaurant russe tapissé de velours rouge grenat. Le grand jeu, quoi ! Muriel, ça l'a complètement snobée. Elle n'avait jamais rien fait de pareil. Et dans le taxi du retour, agréablement givrée, elle s'est abandonnée, sans même s'en rendre compte, aux bras de son soupirant.

Qui, en séducteur pris au piège de l'amour contrarié jusqu'à la passion, se garde bien de soupirer, là, en ce moment. Il l'enlace et la berce en lui murmurant, en boucle, à l'oreille, d'adorables petits riens : Oh toi, ma beauté, mon bonheur, toi, ma merveille, ma beauté, mon... Excellent tranquillisant contre les angoisses pré-première fois qui nous taraudent si souvent, nous, les nanas. Ça n'est pas que Muriel se fasse du souci à l'idée de lui montrer des fesses trop lourdes ou des seins trop petits. D'abord, ils sont parfaits, ensuite il les connaît : à peine si elle les cachait à la plage. Non, elle a peur de ses propres réactions au contact de ce vieux mâle à poils gris.

Et puis, bon, ému, bouleversé, Mister Burberry s'est contenté d'enlever sa veste, de desserrer sa cravate et d'envoyer valdinguer ses godasses avant de la déshabiller elle avec des gestes si tendres, si sûrs qu'elle s'est laissée aller. Elle n'est pas arrivée bien loin, mais bon, ça ne s'est pas trop mal passé. Suffisamment bien — n'était-ce pas le but recherché ? — pour lui permettre de recommencer en cas d'absolue nécessité. En veillant, facile, à ne lui témoigner qu'une affection légèrement distante et distraite, histoire de le tenir en haletante haleine au lieu de le laisser se vautrer dans la certitude d'une ivresse partagée.

Ça vous choque ? Vous trouvez qu'elle se comporte en pute, là, ma Muriel ? Moi, pas. Elle se sert de lui, c'est vrai. Mais bon, en amour comme à la guerre... Et Vincent, elle l'aime, c'est plus fort qu'elle. Elle l'a disputé à Ségolène. Elle a su jouer la bonne carte. Et ce n'est pas parce que ça risque d'écorner un peu son Joker qu'elle va abandonner une partie si bien engagée. Tant pis pour Kerjean. Lui qui a toujours trouvé tellement plus pratiques, plus agréables les femmes jetables. C'est une façon de les venger. Et de rétablir l'équilibre entre les deux plateaux d'une balance qui penche le plus souvent en faveur des mecs. Elle est payée pour le savoir, Muriel. Ségolène aussi d'ailleurs.

C'est une 3ᵉ d'insertion : trois semaines de stage, trois semaines d'études. Les élèves, des jeunes de la cité, ont entre 16 et 18 ans. Une demi-douzaine de filles dont certaines très maquillées, très femmes déjà. Et autant de petits mecs, sauf qu'ils sont énormes pour la plupart. Certains sont nés en France. Les autres, des non-francophones au départ, viennent d'un peu partout : Mali, Maghreb, Turquie. Ils sont entrés en classe comme on monte en bande dans le métro et se sont affalés à leurs places dans un grand charivari de rires, de bavardages, de cris et de tapes dans le dos, leur façon de passer le temps jusqu'à la fin du trajet... Du cours, pardon. Un cours de français.

Assise à son bureau, le nez plongé dans ses cahiers, Muriel semble les ignorer. Et puis se lève brusquement. Et les toise de toute sa petite hauteur. Et leur lance : Bon, maintenant, vous vous taisez, il faut qu'on parle. Silence intrigué. Et la voilà qui les interroge un à un : Alors, Sophie, ce stage dans un salon de coiffure, ça se passe comment ? Pas bien, on est debout toute la journée, on n'est pas payé, il y en a marre. Et vous, Tijani, vous vous plaisez toujours au garage ? Tant mieux. Youssef, la boulangerie ? C'est nul. Faut se lever trop tôt et en trois semaines on n'a eu droit qu'à un tout petit gâteau. La maçonnerie, ·Kenon ? Trop dur. J'arrête.

Muriel écoute, commente à peine et se garde bien de leur faire la leçon. Une leçon du style : Faut persévérer... Les débuts sont toujours difficiles... Les patrons n'ont pas forcément tort... Le travail, c'est la clé de l'insertion... Pour une bonne raison, une raison qui lui était parfaitement étrangère jadis, le travail, la plupart de ces jeunes n'ont aucune idée de ce que c'est, vu que leurs parents n'en ont pas. Et qu'ils trouvent parfaitement injuste d'être obligés de se lever le matin pour aller ou à l'école ou au boulot pendant que les vieux roupillent.

— Bon, enchaînons, je vais vous donner une liste de mots que vous allez regrouper par ensembles... Tiens, vous avez de jolies bagues, Charlène... Montrez... Elles vous vont très bien.

Charlène, une petite boulotte à lunettes assise à côté d'une ravissante Black, longue et mince liane, petit visage maquillé, des yeux on dirait des lacs, Charlène lui sourit, toute contente. Et la classe, visiblement amusée par la frivolité de cette remarque, se marre gentiment. Muriel passe dans les rangs en distribuant les photocopies d'une liste de mots. Ça va d'autruche à water-polo en passant par handball et papillon. Les questions fusent, les mains se lèvent dans le désordre houleux d'une mer à peine calmée qu'à nouveau agitée : C'est quoi, m'dame, lézard ?... Marathon ?... Brontosaure ?.. Chauve-souris ?... Mammouth ?... Cyclisme ?...

— Si vous voulez vraiment le savoir, on va vous le dire. Encore faut-il que vous écoutiez la réponse. Alors, on se tait et... J'ai dit on se tait... Bien... Rachid, le cyclisme, vous, vous savez ce que c'est... C'est faire du vélo, oui, c'est ça... Et faire du vélo c'est un sport au même titre que le rugby... Ce sont des mots de la même famille. À vous de voir si la tortue et le papillon lui appartiennent aussi. Sortez une feuille de votre classeur... Je vous donne cinq minutes pour faire deux ensembles à partir de ces mots...

Non, mais je rêve ! Ça veut dire quoi, ce bubble-gum, Rachid ? Enlevez-moi ça immédiatement !... C'est curieux, vous êtes à la fois le plus doué de la classe et le plus pénible !

Muriel arpente la salle. Donne une indication ici... Relève une erreur là :

— C'est un animal, le marathon, vous êtes sûr, Daniel ?

— Ah, non, c'est vrai, m'dame, je m'ai trompé... Autruche, ça va ? Vous en avez d'jà vu, m'dame ?

— Des autruches ? Oui, au zoo.

— C'est quoi, le zoo, m'dame ?

Il est mal, là, Vincent. Depuis le retour de Muriel à Raymond-Fourneron où Mister Burberry pointe parfois le nez de sa BMW métallisée, il est nerveux, irritable, susceptible, bref, invivable. Après avoir quitté Ségolène, il s'est installé dans un studio à Reil-les-Roses, histoire de pouvoir se rendre à pied — c'est ça, le grand, le vrai luxe — sur son lieu de travail. Et bien décidé à profiter de sa liberté toute neuve. Au lieu de quoi il a l'impression de tourner en rond dans les 30 mètres carrés d'une prison sans barreaux.

Au collège, vous ne le reconnaîtriez pas. Ce géant débonnaire et souriant, ce pilier de rugby au doigté de virtuose dès qu'il s'agit de trouver la corde sensible d'un enfant, ce champion de la gauche bien-pensante toujours prêt à guerroyer pour l'égalité des chances, se montre ou abattu ou impatient ou distrait, pas indifférent, non, moins engagé, mettons, curieusement réservé quant à la solution des problèmes que posent les élèves.

En l'occurrence, quand je dis problèmes, c'est une litote. Vous vous souvenez d'Ali, ce gosse de la cité que Vincent et Ségolène justement inquiets, il avait levé la main sur la gardienne, soupçonnaient d'avoir touché à la drogue. Eh bien, ça y est là, lui et deux de ses copains, des petits voyous du bâtiment 15, ont poignardé à la sortie du collège un ado qui hésitait à leur faire cadeau de son tamtam. Muriel et Machin ont vu ça de loin. Ils se sont précipités. Trop tard. Le coup de couteau, pas mortel, encore une chance, ce n'est pas Ali qui l'a donné, mais, bon, il était là, et il a fait les gros titres, « Violence à l'école », encore un, des journaux.

Un coup de couteau et la belle certitude de l'équipe soudée autour du principal et de son adjoint dans cette ZEP hyperprotégée s'est déchirée. Irréparable accroc aggravé par des prises de bec acérées dans la salle des profs entre les anciens, de loin les plus nombreux, les héritiers de Mai 68, tenants du « Tout ça, c'est la faute au chômage et à la discrimination », et les modernes, ils commencent à donner de la voix, les avocats du « Un enfant de moins de 12 ans qui traîne dans la rue passé minuit, normal que les flics le ramènent chez ses parents ».

— Tu dis rien Vincent ? Tu t'en fous, c'est ça machin ?

— Mais non, bien sûr que non, enfin, Didier... Je me pose des questions, j'ai quand même le droit, non ? Faut se rendre à l'évidence, ils sont de plus en plus agités, les enfants, et de moins en moins concernés. Même ici. Surtout les petits. C'est ça qui m'inquiète. Du lait qui monte dans une poêle Téfal. Même les miens. Je fais surveillant, là, maintenant. Ils se tapent, ils se traitent en classe. Il y en a un, l'autre jour, pour un peu, il me crachait dessus.

— Attends ! C'est pas eux qui ont changé machin, c'est toi. Tu pédales dans la semoule depuis quelque temps. Un vrai zombie. Et ça ils le sentent, les gosses, ils en profitent, normal.

— N'importe quoi ! J'ai quinze ans de métier, je te signale, et quand je te dis que leur appartenance à la cité avec ses clans, ses « boss », ses guerres tribales tout ça, court-circuite leur rapport à l'école, tu peux me croire. Tiens, prends le cas d'Ali. Quand on est allés voir sa mère aux Œillets, il y a deux ans à peine, elle marchait sur la pointe des pieds, Ségolène. Elle n'osait pas appeler un chat un chat. Et voilà le résultat.

— Elle a bon dos, cette pauvre Ségo ! C'est pas parce que tu l'as plaquée machin qu'il faut l'accabler, la rendre responsable de ce qui est arrivé. Tiens, à propos, elle m'a encore téléphoné ce matin.

— Ah bon ! Comment elle va ? Elle se plaît à Antony ?

— Elle se plaisait mieux ici, figure-toi, mais, bon, je n'arrête pas de lui répéter que ça vaut mieux comme ça, qu'elle est beaucoup mieux que toi, qu'elle n'aura aucun mal à te remplacer machin.. T'es un beau salaud, n'empêche ! Si encore ça te rendait heureux de rendre les autres malheureux, je comprendrais machin, mais là...

— Qu'est-ce que j'ai fait de mal ? Faut pas exagérer quand même. Quand ça ne va pas, les gens se séparent. Ça arrive tous les jours. D'autant que là, il n'y avait pas de gosses, pas d'attaches, rien... Alors, bon...

— Moi, tu vois, je conçois très bien qu'on quitte quelqu'un pour quelqu'un d'autre. Mais quitter quelqu'un pour rien ! Si encore ça avait été pour

te remettre avec Muriel, le gamin machin, très
bien. Mais, là, tu te retrouves tout seul comme un
con. Alors, à quoi ça rime ?

— À savoir où j'en suis.

— Et t'en es où ?

— Nulle part.

— Eh ben, bravo ? Ça va faire bientôt trois mois
que tu tâtonnes dans le noir — Où j'en suis, bon
Dieu ? — et t'as toujours pas réussi à te repérer ?
Va falloir que je t'offre une boussole, ma parole !
Qu'est-ce qu'elle en dit, Muriel ? Tu devrais peut-
être lui demander d'éclairer ta lanterne machin.
Ce serait plus simple, non ?

— Parlons d'autre chose, tu veux, Didier...
Comment ça s'est passé pour Ali devant le juge ?

— C'est pas moi qui y suis allé, c'est Muriel.
Elle t'a pas dit ?

— Non, rien... Elle ne me dit jamais rien. C'est
fou ce qu'elle a changé, tu ne trouves pas ?

— Ça, oui ! Et en bien, c'est pas comme toi.
Elle est vraiment machin...

— Toi avec tes machins, Didier ! Machin quoi ?

— Elle est épanouie... Elle est gaie... Elle est
jolie comme un cœur, mais bon ça, elle l'a toujours été... Non, ça va plus loin... Elle est... Machin,
quoi !

C'est vrai qu'elle est épanouie, Muriel. Méconnaissable ! Cette assurance retrouvée — elle l'avait enfant ; adulte, elle se cramponnait à ses seules certitudes —, ce plaisir tout neuf à « jouer » au bon prof, à séduire des élèves, à épater des collègues d'autant plus difficiles qu'ils la tenaient pour nulle, ça la fouette, ça décuple son besoin, son envie de se surpasser.

Et il n'y a pas que ça. Il y a aussi, il y a surtout, excitante, provocante, la présence quotidienne d'un Vincent agressif et désarmé, attentif et fuyant. Un Vincent visiblement déstabilisé dont elle s'amuse à démolir les défenses en maintenant ses distances.

— Tiens, Vincent ! Qu'est-ce que tu fais là ? Tu n'as pas cours ? Ça tombe bien, j'ai à te parler. Tu m'offres un café, dis ? Je n'ai pas de monnaie.

— Court, long, au lait ?

— Oh, c'est vrai j'aurais dû préciser... Tu ne pouvais pas le savoir : court sans sucre... Merci. C'est au sujet de Jérémie.

— Il y a quelque chose qui ne va pas ?

— Non, non, rassure-toi ; il va très bien. Simplement, je me demandais si tu ne pourrais pas me le prendre pendant le week-end. Maman et Pépé Polo descendent rouvrir la maison pour Noël et moi j'aimerais faire un saut à Londres avec Carole, Laurent et...

— Et qui ?

— Qu'est-ce que ça peut te faire ?

— À moi ? Rien. Je disais ça comme ça, pour te mettre à l'aise, tu avais l'air gênée...

— Pas du tout. Pourquoi, gênée ? De toute façon la question n'est pas là. Si tu ne peux pas, je m'arrangerai autrement, pas de problème.

— Ah, parce que pour toi c'est pas un problème, un gamin de deux ans à peine qu'on dépose comme un paquet à la consigne chez...

— Chez sa grand-mère qui l'a élevé ou chez son père ? Non, où est le problème ?

— Dans sa tête, si tu veux le savoir. La dernière fois qu'il est venu, je l'ai trouvé très perturbé, très grognon, très...

— Attends ! À qui la faute ? Si tu le voyais plus souvent, il le serait moins, perturbé, pauvre petit chat. Alors, c'est oui ou c'est non ?

— Oui, oui, bien sûr. Enfin, je ne sais pas... Je vais essayer de m'arranger... Tu aurais pu me prévenir plus tôt quand même. Non, c'est vrai, c'est trop facile...

— Facile ! Ah bon, tu trouves ? Bon, écoute, on ne va pas se disputer pour ça, ce serait trop bête. Oublie ce que je t'ai demandé.

— Non... Bon, ça ira. Quand veux-tu que je vienne le chercher ?

— Vendredi soir, chez maman, ça te va ? Moi, je pars dès jeudi et eux, ils prendront un avion en fin de matinée samedi. Ils auraient été ravis de l'em-

mener, tu penses, mais je ne voulais pas m'en séparer pendant quinze jours. Tu seras là à Noël ?

— Là où ?

— Ben, à Valmoissan.

— Je ne sais pas. Ça dépend.

— Essaie de t'arranger. C'est encore une année
sans. Tes frères ne seront pas là et ton père ça lui
ferait sûrement plaisir de nous avoir tous les trois.

— Pas si sûr que ça. Je l'énerve plutôt qu'autre
chose, moi, depuis quelque temps.

— Normal. Tu le connais, il est trop vieux jeu
pour accepter sans râler notre séparation, mais ça
n'empêche pas les sentiments. Au contraire, ça les
attise... Ah, madame Rolland...

— Je ne voudrais pas vous déranger.

— Pas du tout, quelle idée ! Vous êtes au courant pour Ali ? Non ? Venez que je vous raconte,
vous n'en reviendrez pas... Bon, ben, Vincent, à
plus ! Et merci pour le petit.

Vous vous interrogez, là, pas vrai ? Vous vous rongez les ongles, plongés dans un abîme d'angoissante perplexité : C'est sérieux, ce week-end à Londres avec des amis et... Et qui, d'abord, on peut savoir ? Carole, son mari et Mister Burberry ? Ah bon ! Ça rime à quoi, ça ? À un agace-Vincent ou à un courage-Kerjean ?

Un peu des deux au départ. Mais au retour, après trois jours idylliques dans un hôtel de charme à l'ancienne — enfin ! —, de merveilleux dîners aux chandelles à Soho après le théâtre, un shopping intensif et d'interminables balades en ville sous la conduite enthousiaste et tendre d'un cornac qui connaît Londres comme la poche de son imper, Muriel ne sait plus très bien où elle en est. Ou plutôt si. Elle plane, petit ballon gonflé à l'oxygène de l'amour. Amour-promesse ici, amour-regret là. Elle plane, la tête dans les nuages, sûre, enfin sûre de son pouvoir. Et sur les gamins et sur les mecs. La joie ! De là à se demander si, tout compte fait, un bonheur tout neuf ne serait pas préférable à un bonheur usagé péniblement rapetassé... Si ce ne serait pas plus excitant, au fond, de foncer sur la file de gauche en BMW au lieu de se traîner sur celle de droite en Fiat Uno...

Et puis, un soir, peu après — elle est passée prendre Jérémie chez Monette —, alors qu'il se débat dans ses bras, il déteste qu'on lui enfile son parachutiste et son bonnet, le voilà qui baragouine un truc du genre : Pas gentil, maman... Jémie veut Kiki.

— Qui ça, Kiki , Tu as une idée, maman ?

— Non, j'allais justement te le demander. Il n'arrête pas d'en parler.

— Depuis quand ?

— Je ne sais pas... Depuis ton retour, il me semble. Sûrement quelqu'un qu'il a rencontré chez son père.

Sur le coup, un coup d'épingle, mon petit ballon, un rien fripé, va perdre un peu de son euphorique hauteur :

— Tu crois ? Non... Ça m'étonnerait. Quoique...

Sur le moment, ça va l'agacer, Muriel. Une piqûre d'ortie. Et puis, bon, les jours passant, elle va l'oublier d'autant plus aisément que son petit garçon semble l'avoir oubliée aussi cette mystérieuse Kiki. Cette ou ce ? Après tout rien ne dit...

Si, M. Rondeau. Ils sont devenus très amis, très complices et s'arrangent souvent pour déjeuner ensemble à la cantine.

— Qu'est-ce qu'il y a ? Je vous trouve tout chose, monsieur Rondeau, aujourd'hui. Un ennui ?

— Oui, encore un cas de maltraitance. C'est effarant. On en découvre tous les jours. Surtout dans la cité, mais ça gagne les pavillons. Les parents ont tellement peur que leurs gosses tournent voyous qu'ils prennent les devants en leur tapant dessus à tour de bras. Mais alors là, ça dépasse tout... Vincent ne vous pas raconté ?

— Non, quoi ?

— Un élève de 5ᵉ, le petit Malik, son père lui a brûlé la plante des pieds au fer électrique histoire de lui faire passer l'envie de sécher les cours. Il a fallu l'hospitaliser.

— Quelle horreur ! Tiens, il a une 5ᵉ cette année, Vincent ? Je ne savais pas.

— Non, mais il l'a su, naturellement.

— Ah, bon ! Comment ?

— Par Jackie, la nouvelle infirmière. Une fille très bien, très... Ils ne se quittent plus.

— Attends ! Vincent et l'infirmière ?

— Ben, oui ! Allons, allons, ne faites pas cette tête-là. Il n'y a pas de mal à ça. Ils sont probablement copains sans plus. Et quand bien même... Ce serait leur droit le plus strict, vous ne croyez pas ? Vous avez bien quelqu'un, vous aussi... Madame Falguière, voyons, madame Falguière, vous entendez ce que je vous dis ?

Non, elle est ailleurs, Muriel, elle est à l'écoute de sa voix intérieure, une voix perfide qui se fait un malin plaisir de lui rappeler, morceaux épars d'un puzzle qu'elle va reconstituer de mémoire, le peu d'empressement manifesté par Vincent pour se réconcilier avec elle ; ses réticences quand il s'est agi de prendre Jérémie chez lui pendant le fameux week-end à Londres ; les fréquentes allusions du gamin à cette Jackie, Kiki... Ah, non, c'est pas vrai ! Si, c'est vrai. Bien sûr que c'est vrai. Et elle qui s'imaginait qu'il lui suffirait de claquer des doigts pour qu'il revienne en courant. Ah, le chien !

Monette en est encore toute retournée. La veille, c'était un samedi, Paolo l'a invitée à dîner au Petit Zinc, une belle brasserie style art déco à Saint-Germain-des-Prés. À peine assis, il a commandé deux flûtes de champagne. Et pendant qu'elle étudiait la carte, il a glissé un anneau dans son verre. Elle le vide par petites gorgées et soudain :

— Tiens, qu'est-ce que c'est ?

— Bé, té ! Une bague de mariage. Voulez-vous m'épouser, madame ? Attends que je te la sorte. Faudrait pas que tu t'étrangggles aveque, putaing cong.

Il l'a repêchée. Il l'a essuyée avec sa serviette. Et il l'a remise dans l'écrin resté dans sa poche

— Elle te plaît ? Alors, tope là ! Je te la passerai au doigt devant monsieur le maire de Valmoissan dans quoi... Deux, trois mois, d'accorrre, le temps de préparer la noce et de publier les bangs.

— C'est pas adorable ça, Charlot ? Je me suis levée et je l'ai embrassé là, devant tout le monde. Il était si beau avec son teint bronzé, ses yeux bleus et ses cheveux blancs. Et moi, si fière. À propos, où elle en est Muriel, avec Vincent ? Non, parce qu'il veut les avoir pour témoins.

— Et toi, maman, tu prends qui ?

— Toi et Andrée... Si vous voulez bien me faire l'honneur de...

— Je ne sais pas... Le mariage, nous, on est contre, alors...

— Alors, même si vous étiez pour, il ne serait pas pour vous, alors...

— Alors, si tu insistes, si tu me supplies... Bien sûr que oui, grosse bête ! On serait ravies, tu penses ! Qu'est-ce que tu vas mettre ?

— Un ensemble blanc cassé en soie sauvage. Jupe au genou. Veste longue. Je l'ai trouvé cette nuit dans le catalogue de La Redoute.

— Enfin, maman, ça va pas ! C'est la première fois que tu te maries et tu..

— Et tu voudrais que je porte une grande robe blanche avec une couronne d'oranger, c'est ça ?

— Pas du tout. Mais, ton tailleur, tu ne vas pas l'acheter par correspondance. Ni chez Tati. Tu peux quand même te fendre de... Tiens, le téléphone ! Si c'est Muriel, dis-lui de rappliquer en vitesse qu'on lui raconte.

— Allô ! Ah, c'est toi, chéri... Oui, je l'ai dit à Charlotte. Elle est là... Bon, alors, Muriel, je l'appelle et toi, tu te charges de... C'est ça, à tout de suite !

Paolo viendra seul. Impossible de joindre Vincent.

— Va savoir où il est encore allé traîner ce bougre de cong. Ah, te voilà, Muriel ! Alors, tu viens pas embrasser ton beau-papa, tes beaux-papas, deux en ung ! Lâche-moi, Charlot, tu m'étouffes, ma grande... Et mon bébé, où il est ? Pas avé Vinceng, au moing ? À la cuisine avé sa mamy ? Bé, je préfère putaing cong. Je vais me le chercher et je reviang. Bougez pas, les filles, on va fêter ça.

Monette a annoncé la nouvelle à Muriel, avant même qu'elle ait pu refermer la porte de l'entrée : Tu ne peux pas imaginer ce qui arrive, mon petit chat. Tiens, donne-moi Jérémie et assieds-toi sinon tu vas tomber par terre. Et au lieu de se jeter à son cou — « Ah, maman, c'est merveilleux, ce que je suis contente ! » —, l'autre s'est renfoncée dans le canapé du salon, tête baissée : « Si c'est ça que tu veux... » Monette a porté la main à sa joue, comme ça, d'instinct, avec l'impression d'avoir reçu une gifle, encore une, et a quitté la pièce, le gamin sur le bras, sans un mot. À peine est-elle sortie que Paolo est arrivé.

À peine est-il sorti à son tour que Charlotte fonce sur sa sœur :

— Enfin, qu'est-ce qu'il y a, Muriel ? Maman épouse son grand amour, le père de Vincent en plus, et tout ce que tu trouves à dire c'est « Si c'est ça que tu veux » sur le ton du prof : « Si c'est ce que vous voulez, être recalé au bac... » Ça ne te ressemble pas. Ou plutôt ça ne te ressemble plus. Autrefois, oui, tu étais d'un pète-sec, d'un tutu-panpan, d'un on-se-lave-les-mains-avant-de-passer-à-table à la limite du supportable ! Mais tu avais changé, tu étais...

— Je suis dans le dernier dessous, si tu veux savoir. À force de tenir la dragée haute à Vincent, je l'ai perdu. Alors quand maman m'a dit ça pour elle et Pépé Polo, ça m'a fait un coup, c'est vrai.

— Où ça perdu ? Chez toi ? Ici ? Au collège ?

— Écoute, Charlot, c'est pas drôle... Il ne m'a pas attendue, figure-toi, il est allé voir ailleurs.

— Ah, non, ça ne va pas recommencer ! Il est allé voir qui ? Sa vieille, là, l'assistance sociale ?

— Non, l'infirmière, une nouvelle.

— N'importe quoi ! L'assistante sociale, l'infirmière... Tu perds les pédales, ma pauvre chérie.

— L'infirmière, j'en suis pas sûre et je m'en fiche à la limite. Ce que je sais, ça se sent, ça se voit, c'est qu'il a décroché. Il ne tient plus à se remettre avec moi. Tu te rends compte un peu ? Et maman qui m'en veut en plus... Qu'est-ce que je vais devenir, dis, Charlot ?

— Une fille indigne et une femme plaquée ! Maman, c'est rien, voyons, elle comprendra. C'est sa faute, aussi, avec ses conseils à la con : Il te trompe, ferme les yeux. Il s'en va, rattrape-le. Elle est pourtant payée pour savoir que les mecs, moins on s'en approche mieux on se porte. Ils sont nuls, ils sont lâches, ils sont chiants, ils sont...

— Ils sont indispensables, je regrette.

— Oui, ben moi, je m'en dispense très bien. Les nanas c'est mille fois mieux. Essaie, tu verras. Non, sérieux, Muriel, tu ne peux pas le laisser tomber, ce con ? Prends donc l'autre, Mister Imper-je-ne-sais-quoi. Il ne demande que ça, lui. Pourquoi faut-il toujours courir après ce qu'on n'a pas ?

Parce que c'est l'essence même de l'amour. L'amour obéit au principe de la balançoire à deux places comme on en voit dans les squares. L'équilibre est fugitif pour ne pas dire impossible dans un couple. Il y en a toujours un qui aime plus que l'autre. La plupart du temps quand vous êtes au sommet de la passion, lui est au plus bas. Et inversement. Votre jules, vous en avez marre et vous n'avez qu'une envie : le jeter. Suffit qu'il en ait plein le dos à son tour et vous n'aurez qu'une crainte : être jetée.

Peu importe de savoir si Vincent a vraiment chopé un refroidissement à son égard ou pas, du moment que Muriel le croit. Et elle y croit dur comme sa petite tête de bois, tête de mule, butant sur l'obstacle, un obstacle d'autant plus insurmontable qu'il est imprévu, un obstacle qu'elle va devoir surmonter pourtant, incapable qu'elle est de lâcher prise, de s'avouer vaincue. Non, non, il faut absolument corriger le tir, revoir ses plans de bataille, traquer la bête et la ramener au bercail.

— C'est à moi de jouer, là, maintenant, c'est clair. Mais je suis tellement paniquée que je ne sais pas comment m'y prendre. Qu'est-ce que tu ferais, toi, à ma place, dis, Charlotte ?

— Comment veux-tu que je m'y mette, à ta place, voyons, ma pauvre chérie. On est totalement différentes. Le jour et la nuit. Demande plutôt à maman.

— Quoi ? Qu'est-ce qu'elle doit me demander, Muriel ?

— D'abord, pardon pour tout à l'heure, ma douce. J'ai mal réagi, une bouffée de jalousie, mais il faut me comprendre, je croyais qu'avec Vincent c'était sur le point de s'arranger et puis non, pas du tout, il a tiré un trait. Pour de bon ce coup-là. Et je... Oh, maman !

— Viens, ma jolie, viens t'asseoir à côté de moi... Là... Là... Calme-toi... Tout ira bien, tu verras... Dis quelque chose, voyons, Paolo.

— Putaing de bordel de bougre de cong, voilà ce que je dis putaing cong ! Laisse tomber, va, Murielle. Ça lui apprendra à me gâcher le mariage.

— Ton marriage ! Ton marriage ! Et le sien, alors, tu ne t'en inquiètes pas ?

— Bé, c'est pareille, la preuve, tu m'en veux de l'avoir fait si cong, mon fisse, dis pas non, ma Belle, ça se voit comme le nez au milieu de la figure. Tu es tout hérissée. Une chatte qui défend sa petite. Qu'est-ce que tu veux que je fasse putaing cong ? Que je te le ramène par la peau du cou ?

— Non, non, surtout pas, Pépé Polo ! Maman a raison. Ça finira bien par s'arranger, pas vrai, Muriel ? Allez, embrassez-vous et oubliez-nous. Vos enfants divorcent, bon, ça arrive à tout le monde à notre époque, vous n'allez tout de même pas vous gâcher la vie pour ça.

— Enfin, Charlotte, qui te parle de divorce ? Je ne t'ai jamais dit que je voulais...

— Tu veux quoi, alors ? Un mariage à trois ? À quatre avec Mister Burberry. Tiens, je l'oubliais, celui-là. Toi aussi, j'ai l'impression, Muriel. Ce serait peut-être le moment d'y penser, tu ne crois pas ? Et sérieusement.

Y penser ! Bien sûr qu'elle y pense, Muriel. Elle y pense sans y penser. Mister Burberry, elle le voit sans le regarder. Seulement, voilà, ce qu'elle voyait hier encore lui déplaisait de moins en moins et ce qu'elle voit aujourd'hui l'agace de plus en plus. Alors, elle évite. Du coup il insiste. Résultat :

— Vous ne finissez pas votre crème caramel, chérie ? Enfin, qu'est-ce qui se passe, Muriel, vous n'avez rien mangé... Un problème ?

— Un problème ? Quel problème ? Pourquoi voulez-vous que j'aie un problème, Jean-Pierre ? C'est quand même insensé ! Je ne voulais pas sortir dîner, je vous l'ai dit et répété. Je n'ai pas faim et je suis fatiguée. J'ai le droit, non ?

— Oh ! là là ! Vous avez tous les droits, oui Sauf celui de m'engueuler parce que je me préoccupe de...

— Occupez-vous donc de ce qui vous regarde, ça vaudra mieux. Non, c'est vrai, c'est agaçant ces manières de pion : on finit ce qu'on a dans son assiette et plus vite que ça !

— Moi, j'ai dit ça ? Non, mais je rêve ! Vous avez disjoncté ou quoi, Muriel ?

— Disjoncté ? Vous osez me dire que j'ai dis-

joncté parce que j'ai horreur de la crème renversée ?

— Personne ne vous obligeait à la commander,
voyons !

— Si, vous ! C'est toujours pareil. Monsieur
veut prendre un dessert, mais comme il ne supporte pas d'être le seul, il me fait chanter : je n'en
prendrai que si vous en prenez aussi ! Je n'en voulais pas, je n'en veux pas, je n'en voudrai jamais,
voilà !

— Calmez-vous, chérie, je vous en prie ! Tout le
monde nous regarde.

— Et alors ? Vous n'allez pas recommencer :
On se tait ! Silence dans les rangs ! Je n'entends
que ça toute la journée, alors si c'est pour
remettre le couvert le soir, merci bien, mais non
merci !

— Bon allez, je vous ramène. Garçon, l'addition, s'il vous plaît. À quoi ça rime cette scène, on
peut savoir, Muriel ?

— Ah, parce que je vous ai fait une scène, peut-
être ? On n'est pas en ménage, je vous signale !

— Pas besoin d'être en ménage pour...

— Encore une chance !

— Ça veut dire quoi, ça ? Que vous n'envisagez
pas de... Vous m'aviez pourtant laissé entendre le
contraire à Londres. Quand je vous ai parlé de
changer d'appartement, d'acheter quelque chose
rive gauche pour nous et les enfants, vous n'avez
pas dit non.

— Ne pas dire non, ça veut dire oui, là, maintenant ?

— Quand on se lance avec un sourire plein
d'expectative dans les mérites comparés d'un petit

hôtel particulier et d'un grand duplex, oui, je regrette.

— Eh bien, moi aussi ! Un sourire plein d'expectative ! Non, mais qu'est-ce que vous croyez ? J'en ai marre à la fin de me faire insulter ! Allez, tchao, je m'en vais !

— Garçon ! Muriel ! Garçon ! Ah, non, c'est pas vrai !

Si, c'est vrai. Elle est mal, là, ma Muriel. Mal au point d'en perdre les pédales. Vincent l'ignore. Vincent la fuit. Elle qui croyait le tenir, elle le sent lui échapper. C'est sa faute aussi. Et elle le sait. Et elle s'en veut. Et elle s'accuse d'être trop cérébrale. Trop forte en calculs. Trop encline à tout planifier : une agreg, un bébé, un coup de piston déshonorant vu les circonstances, un amant rattrape-mari-volage, un aller-retour Paris-Banlieue. C'était jouable sur le papier. Le papier timbré marqué au sceau de la Raison. Mais bon, le cœur a les siennes, de raisons. Et elle a perdu la partie. Elle en est sûre. Sûre et certaine. Enfin, pas vraiment. Par moments. Ils sont si mauvais à passer, ces moments, qu'elle se raccroche aux bons. Ceux que lui ménage son instinct de survie. Et si ça n'était qu'un ragot cette histoire avec l'infirmière ? Et si ça n'était jamais que sa propre histoire avec Mister Burberry qui éloignait Vincent ?

Et si... Et si... Oh, et puis, c'est marre ! Rien n'est pire que le doute. Même pas la honte. La taraudante honte qu'elle éprouve planquée dans la pénombre d'une fin d'après-midi d'hiver, devant la porte du collège, dans sa Fiat Uno à guetter la sor-

tie de Vincent. Elle l'a vu au détour d'un couloir de
l'Administration échanger quelques mots — hélas
inaudibles — avec Jackie. Oui, parce qu'elle
s'appelle bien Jackie, cette innommable salope. Et
ça lui est dégringolé dessus comme un pot de
fleurs tombé du balcon, elle en est restée tout
interdite, il fallait qu'elle en ait le cœur net. C'était
un impératif urgent. Catégorique.

Le moyen ? Elle ne va quand même pas lui
demander si oui ou merde, il y a quelque chose
entre eux. Plutôt mourir. Non, il faut qu'elle le
découvre par elle-même. D'où cette filature. Oui,
parce qu'elle la suit au volant de sa voiture, la
moto de Vincent. Un Vincent que Brigitte — d'où
il sort, ce deuxième casque ? — tient enlacé. Elle
les suit sans problème, là, maintenant, il fait nuit,
jusqu'à la gare. Où ils s'arrêtent. Où la connasse
descend de la moto, pas lui. Où elle lui rend son
casque avant de jeter un regard à la ronde comme
si elle cherchait quelqu'un. Quelqu'un qui surgit
soudain. Un grand mec en cuir noir qui serre la
main de Vincent, prend Brigitte par l'épaule et
s'éloigne avec elle. Vincent, lui, redémarre aussi
sec.

Et Muriel ? Elle reste plantée là en double file et
se met à chialer, bras croisés, tête baissée sur son
volant. Inondée de joie, soulagée, elle a fondu en
larmes. Elle a fondu comme une banquise hérissée
de fausses certitudes et de vraies peurs. Peur
panique de ce qu'elle allait découvrir. Peur lanci-
nante de la solitude. Peur d'une terrible blessure
d'amour-propre au cas, assez plausible, où Vincent
l'aurait surprise en train de jouer les détectives pri-
vés. Peur enfin, peur surtout de s'être trompée sur

toute la ligne, une ligne de conduite dictée par sa petite voix intérieure, cette voix impérieuse et sans réplique qui la gouverne encore et toujours quoi qu'elle en ait.

La preuve : tirée de ce nirvana par un coup de klaxon exaspéré, elle se redresse, se secoue et embraie, le sourire aux lèvres. Pour aller où ? Pourquoi pas chez lui, puisque le cœur lui en dit ? Chez lui ? Non, mais ça va pas la tête ! Et puis quoi encore ? Elle ne va tout de même pas aller se rouler aux pieds d'un mec qui a choisi de l'ignorer. Infirmière ou pas, c'est à lui, pas à elle de faire le premier pas. S'ils en sont arrivés là, la faute à qui ? Bon, alors, on se calme et on voit venir.

— Donne-moi ta parka, Didier... Qu'est-ce que je te sers ? Whisky ou jus de fruits ? Un peu de salade de pommes de terre, madame Rolland ? Vous n'êtes pas bien installée, là... Prenez donc ce fauteuil... Je suis désolée mais c'est trop petit ici pour un dîner assis quand on est plus de quatre... Tiens, passe-moi les charcuteries, tu veux, Casimir... Attendez, monsieur Rondeau, je vais vous donner une assiette propre... Non, Vincent, j'y vais, tu ne sais pas où je les range.

Muriel a invité une demi-douzaine de collègues à pique-niquer chez elle. Impensable auparavant, ils lui sortaient par les trous de nez, mais, là, bon, pas de problème. Son mari en est, oui, bien sûr. Pas question de l'exclure. Ce serait lui témoigner une froideur, une animosité parfaitement déplacées. Alors qu'une souriante indifférence... Indifférente, tu parles ! Elle est tendue comme un violon. À l'affût d'un regard, d'un mot, d'un geste, d'un gage de regret et de tendresse. Et ne voyant rien venir, impatiente, énervée, elle va essayer de le provoquer — pour une fois qu'elle en a l'occasion ! — en jetant de l'huile sur le feu de la conversation.

— Vous en êtes encore là, madame Rolland ? À bouffer du ministre ? Il n'a pas entièrement tort, Allègre. Sur plein de trucs. Non, moi, la seule chose que je lui reproche, c'est cette façon de taper sur les profs alors qu'il n'a pas de mots assez gentils pour les instits. Paraît que tout baigne dans le primaire. Moi, je veux bien, sauf qu'en 6ᵉ j'ai plusieurs élèves qui ne savent pas distinguer une consonne d'une voyelle. On ne leur apprend plus rien en CE. Ni le b.a.ba, ni même la méthode globale. Ni à tenir un crayon. Ni le « par cœur ». Ni 2 fois 2 = 4. Rien...

— Non, rien de rien, tu as raison. On leur apprend à apprendre machin. Apprendre quoi ? Ils n'ont strictement rien appris, sortis des leçons de morale — faut pas se taper, faut pas se traiter machin —, les instits qui débarquent dans le système scolaire.

Elle est sciée, là, Muriel. Sciée de voir Didier apporter de l'eau à son moulin. C'est un enfant de Mai 68 comme tous les copains réunis là, des copains de Vincent. Ils approuvent pourtant. Ça semble aller de soi. Elle jette un regard en coin à Vincent adossé à la bibliothèque, l'air songeur, l'air ailleurs. À quoi il pense là ? Ou plutôt à qui ? Il n'y a pas à tortiller, il faut absolument qu'elle attire son attention. Le moyen ? Va falloir taper plus fort, ma petite Muriel, aller plus loin dans le genre réac. Un genre qui a gagné beaucoup de terrain depuis ton retour en banlieue.

Allez, vas-y ! Et la voilà partie à vanter le retour aux bonnes vieilles méthodes à l'ancienne observé aux States et chez nos voisins, elle a lu ça dans *L'Européen*, la remise à l'honneur de la blouse

cache-misère cache-richesse. Et de la plume ser-
gent-major... Et puis quoi encore... Merde, elle est
tellement occupée à guetter la réaction de
Vincent, qu'elle ne s'en souvient plus... Ah, oui : la
remise en cause de la mixité peu propice à l'épanouissement des filles dans certaines disciplines
dominées par les garçons.

Qu'est-ce qu'il pense de ça, hein ? Rien. Les
autres non plus : Ah bon ! Tu m'en diras tant... Il
en faut davantage pour les envoyer aux barricades
à présent. Vincent la regarde sans la voir et s'en va.
Oui, il quitte la pièce. Elle va pour le suivre. Et se
ravise. Elle ne va quand même pas lui courir après.
Elle s'en fout au fond de ce sale con. Elle s'en fout
tellement qu'elle se recroqueville sur elle-même.
Sourde et muette. Incapable de se mêler à la
conversation qui roule pourtant sur le retour aux
traditions. Ça n'est plus son problème. Où est-ce
qu'il a bien pu passer, son problème ? Elle se lève,
n'y tenant plus, fonce vers la cuisine et s'arrête
devant la porte fermée de la chambre d'enfant
d'où sortent des gazouillis extasiés. Rassurée, il est
allé dire bonne nuit à son bébé, elle retourne dans
la salle s'occuper de ses invités : Encore un peu de
saucisson, monsieur Rondeau ?

— Encore un peu de saucisson...

— Encore un peu de saucisson...

— Non, vous êtes bien gentille, mais c'est au
moins la quatorzième fois que vous m'en offrez.
Remarquez, j'adore ça, mais, là, je ne pourrais pas
en avaler une tranche de plus.

— Je vous demande pardon... Je ne sais plus où
j'ai la tête.

Allons donc ! Elle est au bord du lit de Jérémie,

sa tête. Et ses tripes avec. Il va y passer la nuit ou quoi, Vincent ? À moins... Mon Dieu, elle n'y avait pas pensé... À moins qu'il n'ait filé en douce, sans dire au revoir, sans rien. Mais non, idiote, le voilà. Il se verse un verre de vin et va s'asseoir à côté de Mme Rolland. Alors, Muriel, comme un petit lapin tambourinant dont on vient de changer la pile, se réveille en fanfare. Et lance à la cantonade :

— De quoi on parlait déjà ? Ah oui ! Vous avez vu tous ces rapports en faveur d'une Éducation nationale à deux vitesses adaptée aux besoins des forts en thème de Louis-le-Grand et aux lacunes des cancres de la Seine-Saint-Denis ? Ça n'est peut-être pas une si mauvaise idée, qu'est-ce que vous en pensez ?

Ils la regardent sidérés et vaguement gênés. Faut quand même pas pousser. Elle a toujours eu un point de vue totalement élitiste, passéiste sur ce qui est devenu le plus ingrat des métiers, mais de là à... À quoi elle joue, Muriel ? À attiser leurs craintes ? À exaspérer leur sentiment d'être les têtes de Turcs, les poubelles d'un système scolaire en train d'imploser, c'est ça ? Mme Rolland va pour protester... Vincent l'arrête d'un geste et tourné vers sa femme :

— Bonne ou mauvaise, cette idée, je n'en sais rien, mais au train où ça va, je commence à me demander si un jour ou l'autre on n'en arrivera pas là, tu as raison. Ça ne ferait d'ailleurs qu'entériner une situation de fait. C'est déjà le cas, non ?

Ça, par exemple ! Muriel n'en croit pas ses oreilles. Il parle sérieusement ? Apparemment oui. Les autres se récrient : Peut-être, mais de là à légaliser... Il n'insiste pas. Tiens, comment ça se fait ?

La voilà qui s'inquiète. Et qui se rassure aussi sec : Après cette sortie destinée à me prouver son attachement, normal qu'il se retranche dans un silence complice. Complice ou détaché ? Va savoir. La discussion se poursuit. Sans elle. Sans lui. Sans resserrer leurs liens pour autant. Au lieu de les rapprocher, cet isolement semble les figer dans une attitude de prudente expectative.

Quand ils se sépareront, plusieurs bouteilles de pinard et deux heures plus tard, les collègues n'auront toujours pas trouvé de sortie à une situation intenable. Pour une bonne raison : elle est sans issue.

— Oh, et puis, la barbe ! Ça n'est pas à nous de la régler machin. Ils sont payés pour ça, les politiciens. Et nous pour en faire les frais. Je te dépose, Vincent ?

Vincent hésite visiblement, marmonne un truc du genre : il faudrait peut être que j'aide Muriel à... Et puis, la voyant arriver, son blouson et la parka de Didier sur le bras, il hésite à nouveau, gêné soudain : Comment prendre congé ? En l'embrassant sur les deux joues ? En lui serrant la main ? Ni l'un ni l'autre. En répondant à son « Bon, ben, à bientôt, Vincent », lancé à bonne distance, avec un sourire enjoué, par un signe de tête accompagné d'un regard... Un regard...

— Il était comment, son regard, darling ? Soulagé ? Déçu ?

— Je cherche, Carole, je ne peux pas te dire... Ni l'un ni l'autre. Un regard, heu... Non, mais écoute, comment j'ai pu le laisser partir comme ça ? Pourquoi faut-il toujours que je fasse deux pas en arrière quand lui en fait un en avant ?

— Faut demander ça à un psy, ma puce. Absence du père. Rapport à la mère, who knows, va savoir ! N'empêche...

— Je comprends rieng à ton histoire, fistong. Tu vas pour partir, mais tu veux rester... Elle te fait un beau sourire, mais elle te met à la porte...

— C'était pas un beau sourire, je me tue à te l'expliquer, papa. C'était un sourire... Comment dire...

— Cherche pas ! Tu me fais honte, va ! T'as pas bientôt fini d'enculer les mouches : il était pas vraiment beau, son sourire, il était un peu moche, mais pas trop, mais quand même assez ? C'est des façons de gonzesse, ça. Et encore, pas toutes, les intellos, les... Tu peux pas te comporter en homme, putaing cong ?

— Oh, écoute, papa, tu ne vas pas me refaire ton numéro facho-macho-prolo. C'est pas le moment !

— C'est le momeng de quoi, alore ? De me casser les couilles au lieu de prouver à Murielle que tu en as. Et une belle paire enncore ! Elle doit même plus savoire à quoi ça ressemble, la pôvre !

— Attends ! Elle est toujours avec ce mec à la con, je te signale.

— N'empêche, c'est toi qui m'as mise dans ce merdier, Carole, c'est toi qui m'as poussée dans les bras de Kerjean, c'est à cause de toi que ça ne peut pas s'arranger avec Vincent et...

— Et tant mieux ! Il est nul, ce mec. Il s'en va, il revient, il revient pas... I mean, you can't... Tu ne vas pas passer le reste de ta vie à attendre qu'il se décide, merde ! Prends donc le Burberry et qu'on n'en parle plus ! Il est très bien, je t'assure. Très chic. Looks stunning. Il fait sport et habillé, c'est ce que j'appelle un type midi-minuit, tu peux sortir avec du matin au soir. Il t'ira beaucoup mieux que l'autre. Really.

— N'importe quoi ! Depuis qu'on est séparés, on s'est rapprochés, Vincent et moi, on pense, on réagit tout pareil, là, maintenant. C'est miraculeux, tu sais, cette entente, cette complicité...

— Le mec à la cong, c'est toi, bougre de couillong. L'autre, le Mister Impère, comme elles l'appellent, c'était rieng que pour te montrer que si t'étais pas clieng, elle pouvait trouver preneure. Et commeng qu'elle le peut putaing ! Um peu chieuse par momeng, mais bon, il y a pas plus jolie, plus maline que cette petite. Si, il y a la mère. Et je me la suis prise. Et je me la garde. Maintenang, si tu préfères continuer à fréquenter des infirmières pour qu'elles te signalent toutes les misères que nous ôtres, les salauds de Français, on fait aux bougnoules, aux youping et aux...

— Dis donc, à propos, je ne sais pas si tu sais, mais elle est juive, ta fiancée.

— Qui ça ? Monette ? Bieng sûre que je le sais. Et j'en suis fière, putaing. C'est des gensses qui sont hyper intelligeing et quand on a un Einsteing, un Freude tout ça dans la famille, accepter d'épouser un fisse de maçong putaing, c'est pas rieng... Ah ! Ça te fait rire ? Moi, à ta place, ça me tirerait les larmes de voir que je ne suis même pas foutu de faire aussi bieng que mon pôvre père.

— Ben, alors, Muriel, si vous êtes si bien accordés, où est le problème ? Tu n'as qu'à lui dire que tu l'aimes and that's it.

— Lui dire, moi ? Je ne vais tout de même pas m'abaisser à... C'est à lui de... Lui dire où d'abord ? Et comment ? Et à quel propos ?

— Je ne sais pas, moi... Any old way. T'as qu'à lui dire comme ça, mine de rien. À la cantine : Vincent, je t'aime, tu me passes un plateau ?... Dans la salle des profs devant son casier : Ah, te voilà ! J'allais justement te mettre un mot pour te dire que je t'aime. Bon, c'est fait, plus la peine... Chez toi quand il vient prendre Jérémie : Je t'ai mis ses jouets et ses changes dans le sac. Ah ! j'oubliais, je t'aime. Allez, tchao, ne me le ramène pas trop tard on sunday...

— Enfing, qu'est-ce que tu atteng pour lui
demander pardong, à Muriel, pour lui dire que tu
regrettes et que tu ne recommenceras plus. Allez,
un peu de courage, putaing de cong ! Tu ne vas
quand même pas te gâcher la vie, et pas que la
tienne, pourre rieng.

— Tu crois ?

— Tu trouves ça drôle, Carole ? Eh bien pas
moi. Mais alors pas drôle du tout, je vais te dire !

— Eh bien, moi non plus si tu veux savoir. Je
trouve ça très triste, cette absence de générosité,
d'audace, de goût du risque. Si tu l'aimes tant que
ça, ton Vincent, don't chicken out, dis-le lui,
quoi... Jette-toi à l'eau !

— Tu crois ?

Je vous entends d'ici : Ça va durer encore long-temps, cette valse-hésitation ? Ils vont se décider, oui, Muriel et Vincent ? Qu'ils s'expliquent une bonne fois pour toutes et qu'on en finisse ! Moi, je ne demanderais pas mieux, mais je suis comme Muriel, je ne sais ni ou ni quand ni comment ame-ner ces deux têtes de mule à se remettre ensemble. D'autant que j'aurais bien aimé me faire plaisir en vous la jouant très fleur bleue, très rose dragée, très Barbara Cartland, quoi... Tiens, j'ai peut-être une idée... Enfin, c'est pas moi, c'est Monette. Elle va demander à Muriel si ça ne l'en-nuierait pas trop de descendre à Valmoissan pour Noël en voiture avec Vincent.

— Il a l'intention de venir à moto et son père, ça le fâche, ça l'inquiète, la nuit tombe très tôt, là, en ce moment et bon un accident est si vite arrivé... C'est pas un problème, tu es sûre ? Merci, ma chérie.

Les voilà donc enfermés côte à côte, pour des heures, dans leur vieille Fiat Uno. Pépé Polo a pro-fité d'un passage à Paris entre deux avions pour embarquer Jérémie : Si tu veux qu'on te le rende,

Muriel-le, t'as qu'à venire le chercher putaing... Tu
connais le cheming !

Pour le moment, c'est Vincent qui est au volant.
Il n'a pas conduit depuis longtemps et ça
l'amuse... Enfin, c'est beaucoup dire, ça lui occupe
l'esprit. Pas au point de dissiper le malaise, je
dirais plutôt la tension qui les incite à parler de
n'importe quoi plutôt que d'aller à l'essentiel,
mais bon, ça le détend. Pas elle. Elle, elle fixe l'au-
toroute, en croisant et en décroisant les jambes, en
jouant avec les boutons de la radio, un sourire
idiot scotché à ses lèvres d'où ne sortent que des
considérations ineptes du genre : Ce serait bien
qu'il fasse beau, mais à Noël, c'est pas évident...
Remarque, un bon feu de bois dans la cheminée,
quand il pleut, c'est... Moi, le soir du réveillon, je
fais la fête... Pas toi ? Ben, oui, lui aussi. Moi à sa
place, j'ajouterais : C'est pour ça qu'on est là, non ?
Mais ça ne l'effleure même pas. Lui ce qu'il aimerait savoir c'est où elle en est avec ce frimeur en
BMW, cet escroc, ce tocard à la con. Qu'est-ce que
tu attends pour le lui demander, Vincent ? Qu'elle
me le dise !

Là-dessus, elle se tourne vers lui, le regarde fixe-
ment et sur un ton hésitant comme si elle allait
aborder un sujet extrêmement délicat : Dis voir,
Vincent, on devrait peut-être... Il se redresse très
ému et un rien paniqué : Ça y est, l'heure de vérité
a sonné. Il va être enfin fixé sur son sort. Mon
Dieu faites que...

— Quoi ? Qu'est-ce qu'on devrait ?

— On devrait s'arrêter à la prochaine station-
service pour prendre de l'essence et boire un café,
qu'est-ce que tu en dis ?

— Très bien, oui, bonne idée...

Tellement bonne qu'elle le laisse sans voix. Trop
secoué par cet atterrissage forcé dans l'ordinaire
de la vie pour reprendre le fil d'un bavardage déjà
passablement décousu. Voyant qu'il la boucle, elle
décide de ne plus l'ouvrir non plus : Après tout
rien ne m'oblige à lui faire la conversation, non,
c'est vrai ! Et les voilà tous deux engloutis dans un
silence à couper au couteau. D'où il émerge au
bout de cinquante kilomètres :

— Ça y est, on arrive... Je fais le plein et je te
retrouve devant le distributeur...

Elle attend qu'il la rejoigne et :

— T'as de la monnaie ?... Sinon j'irai en faire à
la caisse... Mais il y a un monde fou, alors...

Vincent met la main à sa poche. En sort une
poignée de pièces. Elle en prend trois. Les glisse
dans la fente. Va pour appuyer sur le bouton, mais
il la devance : Serré, noir et sans sucre ?

— Ah ! Tu t'en souviens ?

— Mais, je n'avais pas oublié.

— Ah bon, je croyais.

Et c'est l'impasse... Encore une ! Après quoi,
changement de pied. Ils vont repartir sur celui de
l'amitié et parler boutique pendant tout le reste
du trajet. Elle espère qu'il n'a pas pris au sérieux
sa sortie en faveur d'une éducation à deux
vitesses... Elle est contre, bien sûr... Il n'en a jamais
douté, c'était un pavé dans le bourbier où s'enli-
sent les belles certitudes qui les opposaient jadis.
Ils ont évolué chacun de son côté et leurs points
de vue ont fini par se rejoindre, il le reconnaît,
mais sur un ton un peu désabusé, un peu tristou-
net qui va serrer le cœur de Muriel : ce n'est donc

pas la peur de l'avoir perdue, elle, qui lui donnait
cet air si désemparé depuis quelque temps, c'est le
regret d'avoir perdu la foi, c'est ça ? Tu n'as qu'à
le lui demander, Muriel... Ah ça non... Plutôt cre-
ver.

Les choses en resteront là jusqu'au surlendemain. Il a neigé toute la nuit et Vincent décide
d'aller faire du ski, c'est sa passion, dans les envi-
rons. Du coup Pépé Polo : Et Muriel-le, elle vieng
pas aveque toi ? Fais-moi plaisire, emmène-la
putaing cong, ça lui fera du bieng, on la trouve un
peu pâlotte, sa mère et moi.

C'est ainsi qu'ils se retrouveront en haut d'une
piste dans le brouillard, une verte, pas une noire,
mais assez raide.au départ, au pied d'un petit
hôtel-restaurant tenu par un copain de Vincent.
Elle a froid, elle a peur, le ski, ça n'est pas son
fort... Et elle serre les dents. Pas question de recu-
ler. C'est à la neige que sa championne olympique
de Ségolène Goitschel l'a séduit, alors, bon, tant
pis, allons-y. Et la voilà qui enchaîne assez joliment
des petits virages prudents jusqu'au moment où,
prenant de la vitesse, elle panique et tombe et
rebondit et glisse et finit par s'étaler en bordure
de piste.

Parti bien après elle, histoire de ne pas la dépas-
ser trop vite, Vincent se précipite, s'arrête pile, en
soulevant un nuage de poudre blanche, déchausse
et se penche vers elle, follement inquiet :

— Ça va ? Tu ne t'es pas fait mal, dis, mon
amour ?

Elle lève les yeux, croise son regard... Facile à
déchiffrer celui-là... Prend sa main tendue et se
redresse et retombe, skis croisés. Il les lui enlève et

la ramasse et la serre dans ses bras et la berce, si menue, si fragile, sa petite crevette, sa bien-aimée... Tu m'aimes, dis, Muriel ? Je n'en pouvais plus, moi, d'attendre que tu me reviennes... Plus jamais ça, promis... Mais toi, où tu en es avec ce type, ce... Pour de vrai ?... Tu as le bout du nez tout blanc, ma tendresse, mon petit oiseau tombé du nid, tu dois être gelée... Je vais te réchauffer, moi, je vais te chouchouter, je vais te... Viens, tu vas voir...

— Le téléphone ! Tu le prends, Paolo ? Je suis en train de faire manger le petit... T'as pas été longtemps, dis voir, c'était qui ?

— C'était Vinceng, ils restent coucher au chalet en haut des pistes putaing cong... Ils ne redescendront que pour le réveillong et ils y retournerong dès le lendemaing... Tu sais quoi, mon bébé, j'ai dang l'idée qu'ils vont nous le mettre en route, ton petit frère, bougres de cong.

— Tout de suite un garçon ! Moi, je préférerais une fille...

— Fille ou garçong, on l'aimera pareille... Il est temps qu'on passe devant le maire, dis donque, ma Belle... Parce qu'avoir deux petits hors mariage, ça fait un peu olé olé à notre âge !

ÉGALEMENT CHEZ POCKET
LITTÉRATURE « GÉNÉRALE »

IMPRIMÉ EN FRANCE PAR BRODARD ET TAUPIN
3033 – La Flèche (Sarthe), le 23-06-2000
Dépôt légal : avril 2000

POCKET – 12, avenue d'Italie - 75627 Paris cedex 13
Tél. : 01.44.16.05.00